Louis Charpentier

Die Geheimnisse der Kathedrale von Chartres

Louis Charpentier

Die Geheimnisse
der Kathedrale von Chartres

GAIA VERLAG KÖLN

Die Originalausgabe erschien unter dem Titel
LES MYSTÈRES DE LA CATHÉDRALE DE CHARTRES
bei Robert Laffont, Paris

Aus dem Französischen übertragen von
Angela Schulz und Georg Friedrich Schulz

Umschlagentwurf Raymund Richter
unter Verwendung eines Fotos von Wilhelm Nyssen

Zwölfte Auflage 1992

ISBN 3-87732-003-1

© 1972 der deutschen Ausgabe:
Gaia Verlag H. Albert Schulz, Köln
Gesamtherstellung Moeker Merkur Druck GmbH
Printed in Germany

INHALT

1. Ein Sonnenfleck   7

2. Das Geheimnis des Hügels   15

3. Das Geheimnis der Richtung   29

4. Ein Musikinstrument   34

5. Ein erstaunliches Wissen   42

6. Die Sendung der neun Ritter   45

7. In Salomons Tempel   52

8. Die verborgene Bundeslade   58

9. Die Rückkehr nach Frankreich   64

10. Das Geheimnis der Türme   69

11. In sechsundzwanzig Jahren   75

12. Ein Maß und ein Seil   79

13. Das Geheimnis des Bauplans   87

14. Drei Tafeln tragen den Gral   108

15. Die Elle von Chartres   114

16. Das Geheimnis der Musik   123

17. Das Geheimnis des Lichtes   132

18. Die Bruderschaften   139

19. Der Templerschatz   147

20. Der Einweihungstempel   160

21. Das dritte Maß   171

1

EIN SONNENFLECK

An einer bestimmten Stelle im Innern der Kathedrale von Chartres – nämlich im westlichen Seitenschiff des Südquerschiffes – fällt im Grau der Pflasterung eine weiße Fliese auf, rechteckig, schräg gelegt und fest verankert, in die aus goldschimmerndem Metall ein Zapfen eingelassen ist. Am 21. Juni eines jeden Jahres, wenn der Himmel nicht gerade bedeckt ist, was in dieser Jahreszeit selten vorkommt, trifft ein Sonnenstrahl genau um Mittag diesen Stein, ein Strahl, der durch eine im Glas ausgesparte Stelle des nach Saint-Apollinaire benannten ersten Fensters in der Westmauer des Querschiffes hereindringt. Alle Führer machen auf die Merkwürdigkeit aufmerksam, in der man eine Laune, den Scherz eines Fliesenlegers, Glasmachers oder Baumeisters sieht.

Da mich der Zufall an einem 21. Juni nach Chartres geführt hatte, wollte ich mir die Sehenswürdigkeit nicht entgehen lassen. Nach meiner Schätzung mußte der örtliche Sonnenhöchststand zwischen 12.45 und 12.55 Uhr erreicht sein. Tatsächlich! Zu eben dieser Zeit wanderte ein Sonnenfleck über die Fliese, und der Goldknopf glänzte auf.

Wenn ein Sonnenstrahl im Dämmerlicht auf einen Fußboden fällt, was ist daran so sonderlich? Dergleichen sieht man alle Tage! Dennoch: ich konnte mich eines seltsamen Gefühls nicht erwehren.

Da hat sich einmal jemand die Arbeit gemacht, in einem Glasfenster eine Stelle auszusparen, ein winziges Loch! Ein anderer hat sich die Mühe gemacht, nach einer Steinplatte zu suchen, die anders war als die übrigen: weißer, damit sie ins Auge falle! Dann hat er aus der Pflasterung – schräg zu den übrigen Fliesen – ein Stück herausgemeißelt, der Platte entsprechend, die er einfügen wollte, hat sich die Mühe gemacht, ein Loch in die Platte zu bohren, um einen goldfarbenen, metallischen Zapfen befestigen zu können, der weder die Mitte der Fliese noch eine ihrer Achsen bezeichnete! Dies war mehr als die Marotte eines Fliesenlegers. Läßt ein Fliesenleger ein Loch in ein Glasfenster machen, um jedes Jahr einige Tage lang einen Stein zu sonnen? Läßt ein Glasmacher einen Fliesenbelag ändern, um zu illustrieren, er habe in einem eben eingesetzten Fenster ein Glasstück vergessen?

Hier hatte ein anderer Wille gewirkt. Fliesenleger und Glasmacher waren einer Anweisung gefolgt, die dem Augenblick der Sonnenwende galt, dem einzigen Augenblick des Jahres, in welchem die Sonne vom höchsten Punkt ihrer Nordwanderung aus die Fliese bestrahlen kann. Nur ein Astronom konnte die Anweisung gegeben haben! Bezeichnet war eine besondere Stelle, denn die Fliese befindet sich fast genau in der Mitte des Seitenschiffes im Querschiff auf der Verlängerungslinie der südlichen Mittelschiffmauer. Offenbar war auch die Verdrehung des Steines Absicht. Nur ein Geometer konnte die Stelle gewählt haben!

Wenn sich in einer der erhabensten Kathedralen des Abendlandes, die zudem über einer der berühmtesten Weihestätten Frankreichs errichtet ist, ein solches Phänomen findet, so rührt man an ein Rätsel. Und dieses Rätsel griff nach mir.

Was entging hier dem Verstand, der Schulwissenschaft, der Theologie, ja sogar der Legende? Was war da für ein Hinweis? Alles war plötzlich in Geheimnis gehüllt. Die Kathedrale lebte ein Leben, das sich mir entzog, ohne mich darum zu befremden. Alles war fremd und vertraut zugleich. Dieses Gewölbe, von dem ich spürte, daß es von meinen Maßen war, hob sich höher als ein zwölfstöckiges Haus! Dieser Raum, scheinbar so rasch durchschritten, hätte ein Stadion fassen können! Diese Pfeiler, so wohl geschaffen, daß sie nahbar wurden – vier Männer wären nötig gewesen, sie mit ausgestreckten Armen zu umspannen! Alles war menschlich, alles trug menschliches Maß! Seltsam!

So geheimnisvoll alles war, ich war weit entfernt von jener Beklemmung, die mich auf der Schwelle des Tempels von Edfou befallen hatte: seine mächtigen Säulen stoßen den Ankömmling zurück, als ob sie ihm eine Welt verwehrten, in welcher der Mensch keinen Platz hat. Hier fand ich das Gegenteil: selbst die Dämmerung von farbigem Licht durchwirkt! Ein jedes Ding barg seinen Gegensinn: das Unermeßliche nahm freundlich auf, die Höhe, anstatt zu zermalmen, erhob! Obwohl die Sonne im Süden stand, blühte die Fensterrose im Norden aus tausend Feuern. Die hohen Gestalten der schwarzgesichtigen heiligen Anna, die die Jungfrau und die Lilie trägt, von Salomon und David, Melchisedek und Aaron, sie alle lebten aus dem Licht trotz ihrer Starre. Die priesterlich Strengen waren vertraut wie Gestalten aus eines Kindes Bilderbuch, kindlich vertraut. Und dennoch: die Bewußtheit der Formen und Farben verwies jeden Gedanken an Naivität. Was für ein Zauber, den ich da begreifen sollte! Ein Geheimnis wollte sich mir enthüllen, hier und jetzt, angesichts dieses Steins, auf dem das Antlitz der Sonne noch eben geruht hatte. In einem jähen Augenblick meinte ich, Chartres zu begreifen, das Geheimnis seiner Bausteine und der lichten Edelsteine. Chartres aber hatte nach mir gegriffen.

Türen lassen sich nicht ohne Schlüssel öffnen, nicht ohne Zauberwort. Nach solchen Schlüsseln mußte ich suchen.

Wer weiß zu sagen, wann das Suchen zur Sucht wird! Die entdeckte Spur zog mich fort, und ein Schritt folgte dem andern. Vom Studium der Fachliteratur zur Anfertigung von Planskizzen, von der Aufstellung bald wieder hinfällig werdender Hypothesen bis zum Vergleich von Meßergebnissen, von Begeisterungen zu Enttäuschungen – auf solchen Wegen jagte ich einer Sache nach, bei deren Erforschung ich den Sprung aus unsrer Gegenwart bis in die älteste Vergangenheit zu wagen und zu vollziehen hatte.

Es wäre ermüdend, all die verschlungenen Pfade nachzuzeichnen, die ich im Laufe dieser Untersuchung gegangen bin, so ermüdend wie die Stunden, die ich mit der Logarithmentafel saß, von der ich geglaubt hatte, ich hätte sie nach meiner Gymnasialzeit endgültig zugeklappt. Wenn ich heute das Resultat meiner Untersuchungen – meines Suchens – aus der Hand gebe, so in der Hoffnung, daß es bei einigen meiner Zeitgenossen Interesse wecken wird.

Die meisten Menschen vermuten ein Geheimnis nur im Ungewöhnlichen. Wer wundert sich schon über das, was er alle Tage sieht! Die Bewohner des Nilufers finden nichts Geheimnisvolles an den paar hundert Pyramiden, die ihren Fluß säumen. Man hat ihnen gesagt, das seien Gräber, und dies genügt ihnen. So ist die Kathedrale von Chartres für ihre Besucher auch nur ein gotisches Bauwerk unter anderen gotischen Monumenten, sogar weniger rätselhaft als andere, da es keines jener Bilder enthält, deren alchymische Symbolik der Adept Fulcanelli so gelehrt dargestellt hat.

Dennoch: Chartres ist ein offenbares Geheimnis, um so schwerer zu erhellen, als sich zwischen den Erbauern der Kathedralen und uns eine Kluft aufgetan hat, die das Gefüge einer ganzen Epoche zum Einsturz brachte, den Geist eines Zeitalters zerstörte und nur den Staub von Individualitäten hinterließ. Jahreszahlen trügen: größere Fremdheit trennt die Erbauer der Kathedralen von den Menschen der Renaissance als letztere von uns. Viele Geheimnisse von Chartres sind nur uns geheimnisvoll, uns Menschen des 20. Jahrhunderts, die durch die Zerrbrille im voraus fertiger Schulmeinungen auf die Wesen vergangener Zeiten hinstarren.

Ist denn das Rätsel der gotischen Kunst wissenschaftlich jemals gelöst worden? Man weiß alles über die Ursprünge der Romanik und des Barock, wenn man die Reihe der Baudenkmäler chronologisch zurückverfolgt. Die Gotik aber hat sich den Versuchen, ihren Ursprung zu fixieren, stets entzogen. Dies bleibt als geschichtliche Frage bis heute offen. Um 1130 tritt die Gotik plötzlich in Erscheinung, ohne Vorläufer, ausgereift, vollendet schon im Entstehen. Sie bedarf keiner Versuche, keiner Mißerfolge: in wenigen Jahren erreicht sie ihre Blüte. Merkwürdig allerdings, daß sich plötzlich Baumeister, Bauleute und Handwerker genug finden, in weniger als hundert Jahren über achtzig gewaltige Bauwerke zu erstellen!

Die Historiker sind wunderliche Leute. Man hat manchmal den Eindruck, daß sie sich selbst keine Fragen stellen. Vielleicht liegt das daran, daß sie vor lauter Bildung wirklichkeitsfremd geworden sind. Wenige nur sind imstande, sich von der sonderbaren Idee zu befreien, Kunst sei Selbstzweck. Oder: Kunst müsse »Ausdruck der Persönlichkeit« sein, der Persönlichkeit *eines* Menschen. Wie das den Kunstfabrikanten schmeichelt! Wie das den Leuten behagt, die mit der Kunst Geschäfte machen! Danach wäre die Gotik eine bloße Modeerscheinung. Man hätte also gotisch gebaut, »weil es dem Zeitgeschmack entsprach«, wie es eine Mode gewesen sein soll, romanisch zu bauen.

Die Erbauer von Chartres beabsichtigten gewiß nicht, die flache Landschaft der Beauce durch den senkrechten Pfeil eines Kirchturms zu beleben. Sie dachten nicht an »Kunst«, wie wir es heute tun, und hätten sich zum Bau einer Kathedrale keineswegs entschlossen, wenn sie ihn nicht in gewissem Sinne für *nützlich* gehalten hätten. Sie haben die Kathedrale als *rationales* Gebilde konzipiert. Alles, was uns unverständlich und geheimnisvoll an ihr erscheint oder was wir für einen phantastischen Einfall des Baumeisters oder Bildhauers halten, gründete in einem beabsichtigten Nutzen, auch wenn wir uns nicht mehr vorzustellen vermögen, welcher Art dieser Nutzen sein konnte.

Es ist weder Zufall noch künstlerischer Einfall, daß die Kirche dort hingebaut wurde, wo sie steht, kein Zufall, wenn sie in eine Himmelsrichtung weist, die für eine katholische Kirche ungewöhnlich ist. Die Form ihres Spitzbogens, ihre Länge, Breite, Höhe: das ergibt sich nicht aus den Erwägungen eines Ästheten. Anders ausgedrückt: Die Verhältnisse zwischen Länge, Breite und Höhe der Kathedrale hat nicht der »gute Geschmack« bestimmt, sondern sie sind das Ergebnis einer Notwendigkeit, die von außen an die Bauherren herantrat und der sie gehorchen mußten.

Auch der Spitzbogen ergab sich aus einer Notwendigkeit, die allerdings weniger eine architektonische als eine physiologische ist. Ebenso sind die berühmten Fenster, deren Glaszusammensetzung man noch immer nicht zu analysieren und zu imitieren vermag, die auf das Licht so außerordentliche und eigentümliche Wirkungen ausüben, aus einer Notwendigkeit heraus geschaffen worden. Alles – bis zum winzigen Detail – hat seinen Ort bekommen, um von dort aus auf den Menschen zu wirken, bis hin zum Labyrinth, das jetzt von Stühlen verdeckt wird, bis hin zu jener steinernen Fliese, die zur Johannizeit von der mittäglichen Sonne beschienen wird.

Man vergißt ja gewöhnlich, daß der Bau – im großen wie im kleinen – von Menschen geschaffen wurde, die *wußten*, was sie taten. Weil man sie nicht kennt, nicht weiß, woher ihnen ihr Wissen kam, fügt sich Geheimnis an Geheimnis. Ihr Wissen aber muß beträchtlich gewesen sein. Notre-Dame von Chartres ist siebenhundert Jahre alt; sie hat neben den unvermeidlichen Verwitterungserscheinungen mindestens einem heftigen Brand getrotzt. Dennoch: niemals mußte der Bau befestigt, abgestützt oder restauriert werden, unbedeutende Einzelheiten ausgenommen. Wir aber wissen von den hervorragenden Architekten, die den Bau erdachten, von den Baumeistern, die ihn ausführten, so gut wie nichts. Wir wissen so wenig, daß man sich manchmal fragen muß, ob das Geheimnis, das die Erbauer umhüllt, nicht von Anfang an absichtlich um sie gewoben wurde. Sollten sie jeder Nachforschung oder – Inquisition entzogen werden?

Ich lasse die Version der Kirchenverwalter durchaus gelten, daß all das nur *eine* Quelle habe: den Glauben. Aber mag auch der Glaube Berge versetzen – und jene Menschen hatten zweifellos den bergeversetzenden Glauben –, so war doch noch etwas anderes nötig, um das breiteste gotische Gewölbe, das wir kennen, und eines der höchsten zugleich, ins Gleichgewicht der Kräfte zu bringen: Wissenschaft. Wieder ein Rätsel! Woher kam das Wissen? Man präsentiert uns das Mittelalter immer als ein finsteres Zeitalter – nicht zu Unrecht! Ist es doch die Zeit des Albigenserkreuzzugs, der dominikanischen Inquisition, der Scheiterhaufen! Wie stimmt das mit dem Vorigen zusammen?

Cluny erklärt sich selbst durch seine gelehrten Mönche. Anders ist es bei Chartres oder Amiens, Sens oder Reims, die keine Klosterkirchen, sondern öffentliche Volkstempel waren, von Laien für das Volk errichtet, von Leuten, die selbst zur »unwissenden Menge« gehörten. Wie aber kam das unwissende Volk dazu, aus seinen Reihen so viele Zimmerleute, Maurer, Steinmetze und Bildhauer zu stellen, deren Kenntnis und Anzahl ausreichte, steinerne Kirchenschiffe von so ungeheurer Größe zu bauen? Man stelle sich vor: Als Chartres entstand, waren allein in Nordfrankreich an die zwanzig Kathedralen im Bau! Und wieviel kleinere Kirchen! Alle mit Händen gemacht! Alleiniger Motor war der Muskel, der die Menschenhand bewegt! Und ganz Frankreich zählte kaum mehr als fünfzehn Millionen Einwohner!

Und wer gab das Geld? Bei allem Glauben arbeiteten die Werkleute nicht, ohne dafür bezahlt zu werden. Sämtliche Historiker stimmen darin überein: das Volk war arm. Zweifellos! Woher kam dann das Geld? Von den Stiftern? Ihre Namen sind in Registern verzeichnet: einer stiftete einen Altar, ein anderer ein Altarbild, ein dritter ein Glasfenster – Kleinigkeiten in einem solchen Zusammenhang. Dann gab es die Kollekten, gelegentliche Abgaben auf den Märkten, in Chartres selbst die Pilger. Aber auch Pilger schleppen das Gold nicht säckeweise mit sich herum. Und der Markt eines kleinen Fleckens konnte nicht bedeutend sein.

Man muß schon folgerichtig denken, wenigstens wenn es sich um Dinge handelt, die der menschlichen Logik zugänglich sind: Dieses Aufsprossen von Kathedralen war *gewollt*. Es war gewollt von einer Organisation, die das nötige Wissen besaß, die fachkundige Baumeister zur Verfügung hatte und außerdem die Mittel, jene zu bezahlen. Dabei muß es sich offensichtlich um Angehörige des geistlichen Standes gehandelt haben. Aber die

Weltgeistlichkeit – Bischöfe, Domherren, Priester – besaß weder solche Wissenschaft noch solche Mittel, die Metropolen ausgenommen. Nur die großen Mönchsorden, besonders die Benediktiner und Zisterzienser, hatten zugleich das Wissen, das Geld und die Baumeister, aber sie behielten alles ihren eigenen Abteien vor. Weder Cluny noch Cîteaux haben Chartres erbaut. Wir geraten von einem Rätsel ins andere.

Und noch eine Frage: Was soll diese herrliche, mächtige Kirche in einem Marktflecken wie Chartres, diese Kirche, zu deren Bau zweifellos die Besten unter den besten Baumeistern, Maurern, Steinmetzen, Bildhauern und Zimmerleuten aufgerufen waren? Steht Chartres etwa an einem besonderen Ort?

2

DAS GEHEIMNIS DES HÜGELS

Die Kathedrale von Chartres ist über einem Erdhügel errichtet, dessen Geschichte in mancher Hinsicht dunkel bleibt. In christlicher Zeit war Chartres einer der besuchtesten Wallfahrtsorte Frankreichs. In vorchristlichen Jahrhunderten strömten die Gallier in Scharen herbei; noch früher kamen Kelten von überallher, sogar von jenseits des Rheins.

Die Pilger des christlichen Zeitalters zogen auf ihrer Großen Wallfahrt, von Osten kommend, durch das Tor von Guillaume in die Stadt ein, wo sie in der nahe gelegenen Herberge des Benediktinerklosters empfangen wurden, dessen Abteikirche heute Église Saint-Pierre, Sankt-Peters-Kirche, heißt. Hier wurden sie beherbergt, gestärkt, gepflegt; dann, nachdem sie ihr Gebet in der Abteikirche verrichtet, der Frühmette und dem Hochamt beigewohnt hatten, zogen sie, Psalmen singend, den Steilpfad hinauf zum Ziel ihrer Wallfahrt, der Unterirdischen Madonna, der Schwarzen Jungfrau, der zu Ehren sie den Pilgerstab genommen hatten. In feierlicher Prozession betraten sie den unterirdischen Gang im Norden, der sie in die Krypta der Unterkirche bis zur Grotte hinabführte, in der sich das heilige Bild befand. Nach der Anbetung ließen sie sich mit dem Wasser des Brunnens besprengen, der sich in der Krypta auftut, oder sie tranken gar davon. Dann, am Gewölbe Sankt Lubins vorbei, gelangten sie durch den Südgang wieder ins Freie.

Am Abend ließen sie sich die Geschichte der Schwarzen Jungfrau erzählen. Die alte Statue war aus einem ausgehöhlten Birnbaumstamm geschnitten und stellte die heilige Jungfrau dar, thronend: auf ihren Knien der kindliche Gottessohn. Das Alter hatte sie geschwärzt, denn sie war uralt, so alt, daß sie nicht von Christen, sondern – lange vor der Geburt des Heilands – von Druiden, den Priestern der Heiden, geschnitzt worden war, denen ein weissagender Engel verkündigt hatte, eine Jungfrau werde einen Gott gebären. Heiligen Sinnes hatten sie die Jungfrau dargestellt – ein Bild der Zukunft – und auf den Sockel in schönen lateinischen Buchstaben die Worte eingegraben: *virgini pariturae*, was bedeutet: Geweiht *der Jungfrau, die gebären wird*. Als die ersten Christen nach Chartres gekommen waren, hatten sie das Bild entdeckt, und sie waren in höchste Verwunderung geraten. Sie hatten die prophetische Jungfrau mit scheuer Ehrfurcht betrachtet und den alten Namen der Felshöhle beibehalten: Druidengrotte. Ebenso – wußten sie weshalb? – hatten sie fortgefahren, den Brunnen, der sich neben der Grotte befand, *Le Puits des Forts* (Brunnen der Starken) zu nennen, wie sich dieser Name von alters her erhalten hatte.

Diesen Pilgern war vielleicht nicht bewußt, daß sie einen Weg gingen, den viele Geschlechter vor ihnen gegangen waren; denn der Wallfahrtsort Chartres ist älter als das Christentum, wahrscheinlich sogar noch älter als das Keltentum. Viele Geschlechter vor ihnen hatten die Grotte betreten, um eine jungfräuliche Mutter anzubeten, die zweifellos eine Schwarze Jungfrau war und *Isis, Demeter* oder *Belisama* geheißen haben mag.

Es ist das Verdienst von Henri Dontenville[1], wenn wir heute um den großen Wallfahrtsweg aus dem Osten wissen, der die Pilger von jenseits Raon-l'Étape und dem Ort, der zum heiligen Odilienberg wurde, auch bis hin zum Mont-Tombe, zum Grabberg, führte, dem heutigen Mont-Saint-Michel. Sie waren lange unterwegs, bis sie zum Hügel von Chartres gelangten, wo die

---

[1] Henri Dontenville: La Mythologie française. Payot.

Erde ihnen ihre Gaben darbot. Das erste Geheimnis von Chartres ist das Geheimnis seiner Lage, ist ein Naturgeheimnis, dessen Wirkung sich bis auf den Menschen erstreckt.

Man sollte jenen einen Gedanken gönnen, die da Jahrhundert auf Jahrhundert, Jahrtausend auf Jahrtausend den Pilgerstab ergriffen – Heiden und Christen –, die Gefahren trotzten, von denen heute nur noch in Märchen die Rede ist, auf Wegen kamen, die kaum gebahnt waren, über Flüsse, die man nicht zu jeder Zeit durchwaten konnte, durch Wälder, wo Rudel von Wölfen nach Beute gierten, durch Sümpfe mit lebendigem Schlamm, wo giftige Wasserschlangen lauerten, Regen, Winden, Stürmen und dem Hagelschlag ausgesetzt, von der Sonne verbrannt oder kältestarr, nächtigend nur einen Zipfel ihres Umhangs über dem Kopf: sie hatten – würden sie jemals wiederkehren? – Herd und Familie verlassen, um wenigstens einmal in ihrem Leben am Wohnsitz einer Gottheit zu weilen.

Was suchten sie? Buße? Aber Buße ist ein Merkmal des Christlichen, und die Wallfahrt datiert in vorchristliche Zeiten zurück. Sie mußten aber gewußt haben, daß vom Ziel ihrer Pilgerfahrt eine heilsame Kraft ausstrahlte. Man ging in früheren Zeiten auf Pilgerschaft, um zu suchen, was zu Hause nicht zu haben war: die Gabe der Erde, die sie mütterlich verschenkt. Man ging auf Pilgerschaft, wie man heute zur Kur geht. Die Kranken begeben sich an Orte, wo Wasser und Schlamm, aus der Erde tretend, Heilkräfte besitzen. So suchte man auf einer ihrem Wesen nach religiösen Wallfahrt religiöses Heil: den heilenden Geist.

Es gibt Stätten, wo der Geist weht, sagt Barrès, Stätten, wo Geist den Menschen durchdringt, wo sich ihm Organe für das Göttliche öffnen. Dies ist die größte Gabe der Erde und des Himmels an den Menschen.

Für die Alten war der Mensch nur dann wahrhaft Mensch, wenn er geistig erweckt war. Erlangt wurde dies entweder aus angeborener Begabung oder durch Schulung, durch rhythmische oder körperliche Bezauberung. Seit je aber nahm die durch gewisse Erdwirkungen an Wallfahrtsorten angeregte Erweckung einen besonderen Platz ein. Alle Religionen, ältere und jüngere, haben ihre Wallfahrtsstätten gehabt, ja oft war ein Ort Kultstätte für mehrere Religionen. Die Menschen der Alten Welt wußten weit mehr von jenen Orten als wir heutigen. Sie waren empfänglicher als wir für die Eigenschaften natürlicher Kräfte und für deren Wirkungen; wir sind deshalb bei der Suche nach solchen Stätten auf Erforschung der Spuren angewiesen, die uns die Alten hinterlassen haben: Megalithe, Dolmen oder Tempel. Eine Stätte dieser Art ist Chartres.

Den Menschen des 20. Jahrhunderts mag die Rede vom *Geist, der da weht,* allzu kindlich anmuten. Heute ist, was früher Bild war, Begriff; geändert hat sich nur die Ausdrucksweise. Man kann diesen Geist mit gelehrten Worten bezeichnen, aber es wäre schade, sich nicht seines alten gallischen Namens zu erinnern: *Wouivre.*

Der dichterischen Imagination erschien die Wouivre in verschiedenartiger Gestalt. Wouivre ist einmal der Name, den unsere Ahnen den über den Erdboden hingleitenden Schlangen gaben, mit dem sie, den Namen als Gebärde fassend, auch die Flüsse bezeichneten, die sich durch das Land *schlängeln* (wie die *Woëvre),* und schließlich galt dieser Name auch für Ströme, die in schlangenhaften Windungen den Erdboden unterirdisch durchziehen. Wir nennen sie jetzt einfach *tellurische Ströme* oder *Erdströme.*

Es gibt Erdströme, die aus der Bewegung unterirdischer Wasser hervorgehen, andere, die dadurch entstehen, daß Spalten im Erdreich Schichten von verschiedener Beschaffenheit in Berührung gebracht haben, die bei Temperaturschwankungen Spannungsunterschiede zeigen; wieder andere kommen aus dem glutflüssigen Erdinnern. Diese Ströme offenbaren das Leben der Erde, und wo sie nicht emporkommen, ist das Land wie abgestorben, unfruchtbar, wie ein Teil des menschlichen Leibes, der vom Blutstrom nicht mehr getränkt wird. Wo immer sie auftreten, bricht Leben aus der Erde und macht den Boden fruchtbar. (Schlangen besuchen solche Stellen gern; daher vielleicht jener bildhafte Vergleich zwischen den genannten Strömen und den Schlangen.)

Wouivres nannten die Alten aber auch die Ströme, die wir jetzt als kosmische und als magnetische Ströme bezeichnen würden. Als geflügelte Schlangen wurden sie dargestellt, manchmal auch als Vögel, als Sirenen. An den Orten, wo sich Erdströme und Luftströme miteinander vermählen, entstanden Nixen und drachenähnliche Wesen.

Unter den Erdströmen gab es gute und schädliche. Die guten bewirkten das Gedeihen der Pflanzen, Tiere und Menschen – sie bewirken es noch immer. In alter Zeit sammelte man sich um solche heilkräftigen Stätten, um dort zu siedeln. Die Pflanzen sprießen dort üppiger, die Tiere gedeihen besser, die Menschen erscheinen blühender.

Man markierte die Stellen, wo die befruchtenden Ströme besonders stark wirkten, mit Steinblöcken, welche die Ströme gewissermaßen festhielten, verdichteten. Zuweilen wurden diese Steine hoch aufgerichtet, um *auch* die Himmelsströme aufzufangen; wir nennen diese Steine *Menhire*[1]. Das waren Fruchtbarkeitssteine; sie zogen die fruchtbar machenden Eigenschaften von Erde und Himmel auf sich.

Man verstehe recht: diese Steine waren Gebrauchsgegenstände; sie erfüllten eine bestimmte Funktion. Nicht auszudenken, die Menschen der Vergangenheit hätten Überlegungen angestellt wie eine Dame, die ihren Salon einrichtet und ein Gemälde an die Wand hängt, »weil sich das eben gut macht«. Aufgrund solcher Erwägungen haben die Alten gewiß keinen Menhir errichtet. Wenn sie ihn von weither heranschleppten und aufhöhten, so sollte dies einen Zweck erfüllen, nämlich die Fruchtbarkeit der Felder fördern.

Ähnliches gilt für die *Dolmen*[2]. Ein Dolmen wie der von Antequera mit seinen dreißig Metern Länge und der entsprechenden Breite wird nicht herangeschafft, weil er sich irgendwo gut macht (übrigens: wer könnte ihn heute noch transportieren?). Doch ist

[1] *Menhir*, bretonisch *men* = Stein, *hir* = lang.
[2] *Dolmen*, bretonisch *taol* = Tafel, *men* = Stein.

der Dolmen kein Fruchtbarkeitsstein, sondern ein religiöses Zeichen. Man brachte ihn an eine Stelle, wo der tellurische Strom eine geistige Wirkung auf den Menschen ausübt, an einen Ort, *wo der Geist weht*. Hier, im höhlenhaften Schoß der Mutter Erde, in der Dolmenkammer, suchte der Mensch, was nur die Erde ihm geben kann.

Unter all den geheiligten Stätten, die Dolmen oder Tempel trugen, gab es eine, deren Ruf den aller anderen übertraf: im Lande der Carnuten ...

Wir müssen nun weit ausholen und uns in eine Zeit zurückversetzen, in der die Geschichte zur Legende wird, zur Sage und zum Mythos. Dennoch – die Spuren der Geschichte sind dem Erdboden eingeschrieben: als Ortsnamen, die sich durch alle Umwälzungen, Kriege und Wandlungen hindurch erhalten haben.

In jenen alten Zeiten trug der Große Gott der Gallier, der Eine, der Unfaßbare, den Namen *Belen*, Widder (erhalten im altfranzösischen *bélin*), denn damals stand die Sonne zur Zeit der Frühlings-Tagundnachtgleiche im Zeichen des Widders. Zweitausend Jahre zuvor war er symbolisch als Stier dargestellt worden, weil zu jener Zeit der Frühlingspunkt der Sonne im Sternbild des Stiers lag. Damals wurde in Ägypten der heilige Stier *Apis* und in Irland der Stier *Roux de Cualngé* verehrt. Als nach den rund zweitausend Jahren des Widderzeitalters der Frühlingspunkt der Sonne in die Fische hinüberrückte, wurde der Widder als Osterlamm geschlachtet, und die Hieroglyphe Christi, des kommenden Gottes, war der Fisch.

Zur Zeit des Belen (etwa 2000 v. Chr. bis zur Zeitenwende) wurden die ihm geweihten Stätten nach ihm *Belengaard* genannt. Daher Ortsnamen wie *Bellegarde*, das weder mit *belle* (schön) noch mit *garde* (Wache) etwas zu tun hat, wie *Blenes*, *Bléneau*, *Balin* usw., Namen vieler Dörfer und Stätten Frankreichs, in denen Belens Name fortbesteht.

Belen besaß eine Gefährtin, die – gleichen Ursprungs, gleichen Wesens wie er selbst – seine Gemahlin war, seine irdische Entsprechung, Offenbarerin seines Wirkens: die fruchtbare *Belisama*.

Worauf es nun ankommt: Dieser Gottheit war eine Gegend in Gallien geweiht, die unter ihrem Schutz und Namen stand. Im Laufe der Zeit wurde aus dem alten Namen *Belisama* durch Lautverschiebung *Belisa, Belsa, Biausa, Biause* und schließlich *Beauce*, jene Beauce, die Gegend um Chartres, die noch Suger in seinem »Leben Ludwig VI.« *Terre des Saints* (Erde der Heiligen) nennt.

In den »Wahren Chroniken«, auf die sich Rabelais im »Pantagruel« bezieht, wird erzählt, daß Belisama, unter dem Namen *Gargamelle* (Steinträgerin), jungfräulich befruchtet vom göttlichen Geiste Belens, einen Sohn gebar. Dieser hieß Gar-gant-tua (Der vom Riesenstein) [1].

Jener gute Riese Gargantua ritt auf *Beliard* [2], dem Rosse Belens, im Rhythmus der Jahreszeiten von Osten nach Westen um die Welt, wie Apollon auf seinem Wagen; er machte die Wälder urbar, legte die Sümpfe trocken und schuf Teiche und Seen. Wenn man Rabelais Glauben schenken kann, dann wäre er es gewesen, der die Beauce urbar gemacht hat, er oder sein Roß, das mit dem Schweif, die Fliegen verjagend, die Eichenwälder niederwarf, die das Land bedeckten.

Gargantua, der soviel für die Fruchtbarkeit der Fluren tat, trug auch die Riesensteine herbei, Wurfsteine, Steinstufen, Menhire, zweifellos alles Male der Fruchtbarkeit. Unter diesen Steinblöcken befand sich einer – in dem der Belisama geweihten Gebiet, der *Terre des Saints*, von welcher Suger spricht –, der war so heilig, daß ein ganzes Volk damit betraut wurde, ihn zu hüten. Man nannte diese Männer *Carnuten* (Hüter des Steins). Und die heilige Stätte dieser Carnuten, auf der sich der geweihte Stein befand, war *Carnut-Is*, heute Chartres, in der Beauce, das *Is* der *Carnuten*.

Die Latinisten, denen daran liegt, die französische Sprache von irgendeinem undefinierbaren Legionärslatein abzuleiten, sehen in den Namen jener Stammesniederlassungen, die Städtenamen ge-

---

[1] géant = Riese, ältere Form: *gant*, vgl. gigant; *gar* = Stein; *tua* = Wesen.
[2] dem *Bayard* der Legende.

worden sind, eine Ablativform. So erklärt sich Paris für Albert Dauzat[1] als *civitas de Parisiis*. Würde man dieser Fabel Glauben schenken, *wovon* wäre dann die Stadt *Is* – das versunkene Is[2], die heilige Stadt, die von den *Ismii* bewacht wurde – eine Ablativform? Und woher jenes andere *Is* an der Tille, Is-sur-Tille bei Dijon?

Man kann den Ablativ getrost verabschieden. *Is* kommt nicht aus dem Lateinischen, es ist nicht einmal ein spezifisch gallisches Wort. *Is* bedeutet: das Heilige, der heilige Gegenstand, der heilige Ort. So findet man es in Namen heiliger Flüsse wieder, bei der *Is-aar* oder der Isère in Savoyen, also bei Gewässern, die *tabu* sind. Auch Amiens ist nicht die *civitas de Ambioniis*, sondern *Ambion-Is*, der heilige Ort der Ambionen. Sens ist nicht die *civitas de Senoniis*, sondern *Senon-Is*, der heilige Ort der Senonen. Und Chartres ist nicht die *civitas de Carnutis*, sondern *Carnut-Is*, der heilige Ort der Carnuten.

Genaugenommen ist nämlich nicht die Niederlassung, die Stadt das Ursprüngliche, sondern das Heiligtum, dessen Name – wie es scheint, um 300 n. Chr. – auf die Stadt überging. Es ist dies so selbstverständlich wie die Tatsache, daß der heilige Stein Belisamas an geweihter Stätte aufgestellt worden ist, derselbe Stein, dessen Wächter die Carnuten sind. Dieser Stein, dessen Transport und Aufstellung an der ihm zubestimmten Stelle im Dunkel der Vorzeit liegt, ist noch immer da: die Kathedrale von Chartres wurde über *ihm* erbaut.

Dafür gibt es Beweise. Im 16. Jahrhundert berichtet ein Augenzeuge von der *Spur alter Götzenaltäre*. Man hat den Stein seither nicht entfernt, also muß er noch erhalten sein. Dieser Stein ist ein Dolmen. Er muß es sein, denn unter dem *Götzenaltar* befindet sich die sog. Druidengrotte. Was kann sie anderes sein als eine Dolmenkammer, fand man doch in ihr die Schwarze Jungfrau. Dann gibt es da den Brunnen: einen rechteckigen keltischen Brun-

---

[1] A. Dauzat: *Les Noms de lieux.*
[2] siehe Seite 109.

nen mit vielen Vorrichtungen; er wurde 1904 von René Merlet wiederentdeckt und von Schutt befreit. Dolmenanlagen ließen solche Brunnen immer zu; denn die Druiden vollzogen tatsächlich so etwas wie eine Wassertaufe, die übrigens geradezu klassisch ist für jedes Einweihungsritual. Der Brunnen von Chartres scheint eine besondere Bedeutung gehabt zu haben, sei es, daß sein Wasser einzigartige Eigenschaften besaß, sei es, daß man ihm eine magische Wirkung zusprach. Er fällt bis zu 33 m Tiefe ab; der Grundwasserspiegel befindet sich, vom Boden der Krypta an gemessen, bei 30 m Tiefe. Die Darstellung dieses Brunnens am Nordportal, zu Füßen der heiligen Modesta, zeugt davon, daß auch die Erbauer der Kathedrale ihn als bedeutsam erkannten.

Die Heiligkeit des Ortes wird uns durch geschichtliche Zeugnisse ausreichend bestätigt. In seinen *Commentarii de bello gallico* spricht Julius Cäsar davon – jener Krieger, der für gewisse Dinge ein waches Auge hatte, wenn ihn die Sorge um seine Laufbahn nicht davon abhielt –, daß die Druiden an einem besonderen Orte im carnutischen Land eine Versammlungsstätte gehabt haben. Hätte man denn einen würdigeren Ort finden können als den heiligen Hügel in der heiligen Is, von heiligen Hainen umgeben, auf Belisamas geweihter Erde?

Ich weiß, daß viele Historiker, darunter Jullian, diesen Ort ins Randgebiet des carnutischen Landes versetzen wollen, ans Ufer der Loire, in die Nähe von Saint-Benoît-sur-Loire. Aber die Stelle, die sie damit meinen, muß der politische Versammlungsort der Oberhäupter Galliens gewesen sein, dort wurde über Angelegenheiten verhandelt, die alle Gallier angingen, dort erteilten die Druiden Ratschlag und Schiedsspruch, denn dieses Amt übten sie unter anderen Ämtern. Besagter Ort lag aber nicht auf carnutischem Gebiet, sondern dort, wo die Gebiete der Senonen, der Eduenser, der Biturigen und der Carnuten aneinanderstießen. Das muß an der Stelle des heutigen Lion-en-Sulias gewesen sein, des damaligen Lugdunum, einer Festung des *Lug*, des Schutzherrn der Erfinder. Diese Gegend gehört aber nicht mehr zur *Terre des Saints*.

Hören wir, was Suchet schreibt, der Historiker der Kathedrale: *Wenn man den Standort der Kathedrale betrachtet, so ragt sie am höchsten Punkt der Stadt auf einer Anhöhe empor, wo, nach unseren alten Annalen, der heilige Hain stand, in welchem sich die Druiden zu Anbetung und Opferfeier versammelten.*

Dort, im Herzen Galliens, so schreibt Bulteau, ein anderer Historiker, *befand sich das höchste Heiligtum der Druiden, war ihre oberste Gerichtsstätte, der große Eichenhain-Tempel. Mit einem Wort: hier war der Mittelpunkt des gesamten Druidentums.*

Ein weiterer Beweis dafür, daß sich die Druidenpriesterschaft auf dem Hügel von Chartres versammelte, ist der Name des Hügels *Lieu des Saints forts* (Stätte der starken Heiligen); noch früher wurde er *Lieu des Forts* (Stätte der Starken) genannt, wobei *fort* der Terminus für *Eingeweihter* ist. Wer sonst war damals *eingeweiht*, wenn nicht die Druiden? Dem entspricht der interessante Hinweis Jullians, in der Nähe von Fontevrault gebe es einen Dolmen von geradezu archetypischer Proportion. Seine Länge beträgt 10,40 Meter, seine Breite 6,45 Meter – ein beachtliches Exemplar, das mehr als 100 Tonnen wiegen mag. Nun befindet sich dieser im Verhältnis des Goldenen Schnittes zugehauene Stein just auf dem Territorium einer Gemeinde, die den Namen *Saint-Fort* trägt!

Es gibt noch andere Hinweise auf die uralte Bedeutung des Chartreser Hügels, einige erhalten gebliebene Monumente, vor allen Dingen aber die Ortsnamen der Gegend. Selbst wenn die Erinnerung an den Hügel, an die Pilgerzüge, an die Schwarze Jungfrau ausgelöscht wäre, so würde der um Chartres gelegene Ring sagenumwobener Orte, deren Namen sich erhalten haben, die Erhabenheit dieser Stätte hinreichend bezeugen, die hohe Bedeutung, die ihr bei den Galliern zukam und die dem christlichen Chartres auch heute noch vom ganzen Abendland beigemessen wird. Einstmals war Chartres von einem Kranz von Riesensteinen, von Menhiren, Dolmen und anderen Steinkonstellationen umgeben, die man dortzulande *murgers* nennt; sie entsprechen den britannischen *cairns*. Viele sind verschwunden, aber ihre Namen sind geblieben. Einige Beispiele seien angeführt: Im Süden, bei Morancez, gibt es einen Dolmen *La Pierre qui tourne* (Drehstein). Einen anderen findet man südöstlich, zwischen Berchère-les-Pierres, woher die Bausteine der Kathedrale stammen, und Sours, wo sich eine der wichtigsten Templerkomtureien Frankreichs befand; er heißt *La Pierre complissée*. Nahebei gibt es zwei Orte, die bezeichnenderweise beide *La Pierre couverte* (Bedeckter Stein) heißen, allerdings sind die Dolmen dort verschwunden (oder noch verschüttet). Im Südosten, etwas näher an Chartres, heißt ein Ort *Beaulieu*, eigentlich *Lieu-Belen*, die Stätte Belens (südlich der Loire hätte man *Bellac* gesagt). Nicht weit davon die *Beaumonts*, *Belen-mons*, die Belen-Berge! Im Osten stößt man auf *Les Murgers* bei Nogent-le-Phaye, was eigentlich *Nogent-la-Fée* heißt, dann auf *Archevilliers* mit einem Gemarkungspunkt *L'Arche*, was von *Arca* kommt, der ligurischen und gallischen Bezeichnung für *Dolmen*. Nördlich von Chartres gibt es ein Dorf *Gorget*, dessen Name auf eine *Gargans*stätte zurückgeht. Nahebei, im Nordwesten, findet man eine *Butte-Celtique* (keltischer Erdhügel); der Name scheint mir allerdings aus neuerer Zeit herzurühren. Nicht weit davon steht ein Menhir *Le Pied de Fée* (Feenfuß), heißt eine Stelle *Les Dames blanches* (Die weißen Frauen) und eine weitere *Les Champs Chailloux*, Orte, an denen sich zweifellos heilige Steine befunden haben, die heute verschwunden sind. Diese Häufung um einen Punkt kann nicht ein Werk des Zufalls sein.

Wenn sich die Druiden dort versammelten, wenn manche von ihnen die Mühsal und Gefahr einer Pilgerfahrt auf sich nahmen, so deshalb, weil sie an dieser Stätte einen »Geist« finden konnten (um den Ausdruck von Barrès zu wiederholen), der von seltener Eigenschaft und mächtiger Wirkung war. Modern formuliert heißt das: Der Hügel, auf dem die Kathedrale steht, ist der Ort, wo ein Erdstrom besonderer Art ausmündet.

Übrigens gab es in Chartres einmal einen Bischof, der gehörte nicht zu jenen, die Glasfenster herausbrechen, um es heller zu

DIE KONSTELLATION DES STERNBILDES JUNGFRAU
UND DIE MARIEN-KATHEDRALEN FRANKREICHS

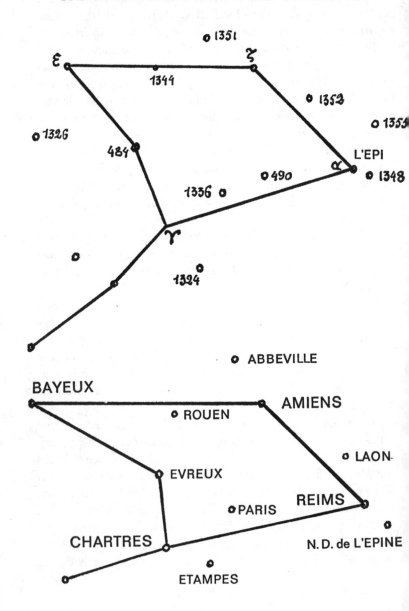

haben, oder in der Kathedrale Lautsprecher montieren lassen. Dieser Bischof, Monseigneur Pie, sagte von seiner Kirche: *Die Quelle ist tief da drunten.* Nehmen wir ein Bild, das der christlichen Ikonographie tausendfach bekannt ist – wurde es immer verstanden? –: Notre-Dame, die Jungfrau, setzt den Fuß auf den Kopf der Schlange, auf den Kopf der *Wouivre.* Die Quelle ist wahrhaftig *da drunten.* Deshalb wurde an dieser Stelle der Dolmen aufgestellt, wurden hier immer wieder Kirchen errichtet! Und man begreift, weshalb der Domherr Bulteau schreiben konnte, Chartres sei *die klassische Inkarnationsstätte des Westens.*

Das Sinnbild der Schwarzen Jungfrau ist ein Inkarnationssymbol: Die Mutter Erde steht unter dem alleinigen Einfluß des Himmels – unter kosmischer Einwirkung, wie wir heute sagen würden; sie ist ihrerseits Quelle einer Strahlung, die heilig, heiligend, heilend ist.

Sieht man die geographische Lage von Chartres einmal auf dem Hintergrund von ganz Frankreich, so leuchtet einem eine sehr merkwürdige Figur ins Auge: Es gibt in dem Gebiet, das Belgisch-Gallien, die Champagne, die Picardie, die Ile-de-France und Neustrien umfaßt, eine Anzahl von Kathedralen unter Schutz und Namen von Notre-Dame, Marienkirchen des zwölften und dreizehnten Jahrhunderts. Diese Kirchen bilden auf dem Erdboden fast genau die Konstellation des Sternbildes der Jungfrau nach, wie es sich am Himmel zeigt (siehe Zeichnung). Wenn man zu den einzelnen Sternen die Namen der entsprechenden Städte fügt, wo solche Kathedralen stehen, dann ist die Spica Reims, das γ Chartres, das ζ Amiens, das ε Bayeux. Zu den kleineren Sternen findet man Évreux, Étampes, Laon, wieder lauter Städte, die eine Marienkirche aus jener Zeit besitzen. Man findet sogar in der Position eines kleinen Sternes bei der Spica (L'épi auf der Karte) Notre-Dame-de-l'*Épine,* die zwar viel später erbaut wurde, aber auch ein Geheimnis birgt.

Vor anderen hat schon Maurice Leblanc bemerkt, daß die Benediktinerabteien in der Gegend von Caux (Normandie) auf dem Erdboden das Sternbild des Großen Bären nachzeichnen.

Jüngst hat man entdeckt, daß die Anlage der Felder, die Glastonbury in Sommerset umgeben (dort, wo sich der Überlieferung nach die Insel Avalon mit dem druidischen Gralsbrunnen *Chalice Well* und dem *Artusgrab* befindet), die zwölf Zeichen des Tierkreises abbildet. Man fragt sich nun mit Recht, ob sich die Menschen diese Beziehung von Erde und Himmel einfach ausgedacht haben oder ob höhere Notwendigkeit die Entsprechung veranlaßt hat, freilich ohne Wissen und Zutun der Menschen, die nur ihrem »kosmischen Instinkt« gehorcht haben. Wie dem auch sei, was Chartres betrifft, so nimmt das Problem, um das es uns geht, die Frage nach dem Sinn der Wallfahrt, Gestalt an. Die Ströme der alten Erde waren mannigfaltig, an diesem Orte aber gab es einen besonders heiligen Strom, der den Menschen geistig zu erwecken vermochte.

Wo Göttliches zur Geburt gelangen soll, darf die heilige Quelle nicht getrübt werden; der Hügel von Chartres muß seine Reinheit bewahren. Deshalb ist Chartres unter allen Kathedralen Frankreichs die einzige, in der niemals ein König, ein Kardinal oder Bischof bestattet worden ist: der Hügel sollte jungfräulich bleiben. – Die Grabstätten der Bischöfe von Chartres befinden sich unter der Kapelle von Saint-Piat, die im 14. Jahrhundert an den Chor angebaut worden ist und schon außerhalb des heiligen Hügels liegt. Die Domherren wurden – ebenfalls außerhalb des Hügelbezirks – auf einem kleinen Friedhof in Chornähe beerdigt, der heute nicht mehr seiner Bestimmung dient. Das Tabu, das auf dem Hügel liegt, muß mächtig sein; selbst in unserer Zeit, wo man leichtfertig alles umwühlt, aus seiner Ordnung reißt, ist in dem von den Pfeilern des Chores und des Hauptschiffes eingefaßten Hügel noch niemals eine Ausgrabung versucht worden.

3

DAS GEHEIMNIS DER RICHTUNG

Es ist kein Zufall, daß die Wahl auf den Hügel von Chartres gefallen ist: Chartres ist ein Ort, wo Geist den Stoff durchdringen kann. Wenn eine Wallung wie ein großer Pulsschlag durch die *Wouivre* geht, kann sich der Geist verleiblichen. Dieser Rhythmus, der dem Pulsieren des Blutes gleicht, bestimmte auch den Zeitpunkt der Wallfahrt, an welchem die *Einweihung* empfangen werden konnte – die hohe Einweihung, durch die man zum Rang eines Druiden aufstieg.

Man verstehe recht: Was hier Einweihung genannt wird, ist mehr als bloßes Wissen, mehr als eine Ansammlung von Kenntnissen; sie ist ein *Zustand*, ist das, was bei den Urchristen der *Stand der Gnade* war (lange vor einer Zeit, die diesen Ausdruck nach Belieben ausgeschlachtet hat). Man kann sich im Stand der Gnade befinden und keine Ahnung haben vom Dezimalsystem, von Theologie oder von Tugendlehre. Eingeweiht sein: dies heißt, aufgenommen sein ins Zusammenspiel der Naturkräfte, heißt, ihre Wirkungen an sich erfahren, heißt, mit jenen Kräften – durch höheren Instinkt, der nicht vom Gehirn abhängig ist – verbunden sein, wiederverbunden im wahren Sinne der *religio*[1]. Der Eingeweihte ist mit dem Geist verbunden.

---

[1] von lat. re-ligare: wiederverbinden.

Nun haben wir die Erklärung: In Chartres und an einigen anderen Orten, wie etwa in Puy-en-Velay oder in Saint-Jacques-de-Compostelle, wird der Mensch durch tellurische Ströme von besonderer Kraft reintegriert, initiiert, begnadet. Hineingeboren zu werden in eine höhere Form des Menschseins: das war das erstrebenswerte Ziel, das die Pilgerscharen auf den Weg brachte.

Gewiß, gemessen an der Zahl derer, die berufen waren, war die Zahl der Auserwählten gering. Die Druiden, die lange Zeit hindurch die Hierophanten Chartres waren, ließen zweifellos keinem Ungeprüften und keinem Unwürdigen die Weihe zuteil werden, keinem, von dem sie befürchten mußten, daß er die durch die Einweihung erlangten Kräfte mißbrauchen werde. So waren es wohl ursprünglich nur Angehörige einer Elite, die nach Chartres pilgerten, um hier die höchste Weihe zu empfangen, die der Neugeburt.

Die Legende hat, obgleich recht zusammenhanglos, Reste einer Erinnerung an jene Wanderungen bewahrt, auf denen man sich die Grade einer Einweihung von Heiligtum zu Heiligtum stufenweise zu erwerben hatte bis hin zur höchsten Stufe der *Wiedergeburt*. So soll es bei den Druiden üblich gewesen sein. Auch die griechischen Philosophen zogen ja auf ihrem Einweihungsweg von einem ägyptischen Tempel zum anderen. Wie beim »Tempelhüpfen«[1], wo die Kinder, auf einem Bein hüpfend, den Stein durch eine Folge von Feldern hindurchbringen müssen, so war auch hier ein vorgeschriebener Weg zurückzulegen; nur die an einem Ort erfüllten Bedingungen erlaubten den Übergang zum nächsten. Später folgten diesen Wegen ganze Scharen. Lange Zeit hindurch aber hatten sie nur das Recht auf Täuschung; man speiste sie mit Scheinhandlungen ab. Sie hatten keinen Zutritt zum Weg der drei Geburten in dem überdeckten Gang, der in einer Richtung zum Dolmen hingeführt haben muß, die derjenigen der heutigen Kathedrale entsprach.

Wenn man der Richtung der hoch auf ihrem Hügel thronenden

---

[1] dem Hinkespiel oder Humpeln.

Kathedrale talabwärts nachgeht bis ans Ufer der Eure, so findet man dort eine kleine romanische Kirche mit einem dreitorigen Portal. Sie wirkt schlicht und klar, ist allerdings ihrer ursprünglichen Bestimmung entfremdet worden. Früher besaß sie als besondere Eigentümlichkeit einen Chor, der auf einem den Fluß überwölbenden Brückenbogen errichtet war, als sollte er vom Geist des lebendig fließenden Wassers umspült werden. Die Brücke ist eingestürzt, ihre Ansätze aber sind noch erkennbar. Längere Zeit hindurch muß die Kirche als Scheune oder Speicher gedient haben. Die Denkmalpflege, die seit einigen Jahren vorhat, sie zu restaurieren, hat da eine Menge bemerkenswerter alter Steine aufgehäuft. Möglicherweise ist die Lage der Kirche mit ihrer geringfügigen Abweichung von der Achse der Kathedrale Zufall. Berücksichtigt man aber die Sorgfalt, mit welcher die Alten – auch noch die Christen – für ihre Kultstätten bedeutsame Punkte der Erde auswählten, so fragt man sich doch, ob hier nur ein Zufall gewaltet hat. Gibt uns die eigenartige Lage dieser Kirche vielleicht die Richtung an, in welcher der tellurische Strom, die Wouivre, verlaufen ist, von deren Ausströmungen Notre-Dame de Chartres gleichsam umflossen war?

Im Gegensatz zur überwältigenden Mehrzahl der älteren christlichen Kirchen ist der Chor, das Haupt dieser Kathedrale, nicht nach Osten, sondern mit einer Abweichung von mehr als 45° gegen Nordosten gerichtet; wenn man den Plänen und Vermessungen des Institut national géographique folgt, sind es genau 47° Abweichung von der Ost-West-Achse. Würde es sich um eine moderne Kirche handeln, so wäre die Sache belanglos, aber Chartres ist eben keine moderne Kirche, und ein Detail wie die Richtung ist hier sogar von außerordentlicher Bedeutung.

Noch einmal müssen wir uns über den begrenzten Standort erheben und den besonderen Fall Chartres in Zusammenhang mit gewissen allgemeingültigen Gesetzen sehen. Die Erde dreht sich für das irdische Auge von Westen nach Osten; deshalb scheinen die unverrückbaren Gestirne des Fixsternhimmels (die Sonne und die Sterne) von Osten nach Westen zu wandern. Die Erde dreht sich mitsamt der Lufthülle; dennoch gibt es etwas Unsichtbares, das sich nicht mitdreht, das sich nicht zur selben Zeit dreht: die Sphäre, in welcher die Himmelskörper schwimmen. Die Griechen nannten sie den *Aether*, die Alchimisten den *Spiritus mundi*, unsere Vorväter sprachen von der geflügelten Wouivre, der *Großen Himmelsschlange*, in der sie eine Entsprechung zu den unterirdischen Erdströmen sahen. Dieser Äther, der unser Lebensraum ist, wird für unbeweglich gehalten – ich sage: gehalten. Er ist aber von einer Bewegung belebt, die in Gegenrichtung zur unsrigen steht, d. h. für unsere Verhältnisse dreht er sich von Osten nach Westen. Es versteht sich eigentlich von selbst, daß es sich dabei um einen Vitalstrom handelt, der für das Leben ebenso notwendig ist wie irgendein anderes Element, Wasser, Luft, Erde oder Feuer. Er scheint überdies eine nicht unerhebliche Wirkung auf die Entwicklung aller Wesen auszuüben.

Solchem Strom gegenüber kann sich der Mensch, der seiner, ob er es weiß oder nicht, bedarf, auf zweierlei Weise verhalten: er kann sich von der Strömung treiben lassen oder sich gegen sie zu behaupten suchen. Ein kleines Experiment: Man bohre eine Stricknadel durch einen Apfel, setze eine Ameise auf die Frucht und lasse den Apfel wie eine kleine Erde um die Nadel rotieren: die Ameise wird der Drehung entgegen laufen, d. h. gegen den Westen der Frucht. Weil es ihr die geringste Mühe macht? Vielleicht. Der gleichen Richtung folgten die menschlichen Wanderzüge auf der Erde, denn wenn sich Menschen herdenartig zusammenscharen, handelt die Masse aus einem ähnlichen Instinkt wie das Tier. Bekanntlich wachsen auch die Städte nach Westen.

Auf einer bestimmten Stufe seiner Persönlichkeitsentwicklung jedoch sträubte sich der Mensch nicht mehr gegen den Strom: er hielt ihm sein Angesicht entgegen, er ging auf ihn zu, ließ sich von ihm durchfluten, um seinen Segen zu empfangen. Weit – mit offenen Händen, in der Haltung des Betenden – breitete er die Arme aus. Bis in unsere Zeiten ist dies die Haltung des Priesters vor dem Altar geblieben, mußte sie es bleiben. Aufrecht, das Gesicht gegen Osten gewandt, so standen die Gläubigen: bloßen

Fußes, damit sich in ihnen der vom Erdboden aufsteigende Strom mit dem vom Himmel absteigenden verbinden konnte. Den Rücken kehren, hieß: die Gabe zu verschmähen, hieß: Leben abzulehnen. Mythische Begräbnisstätten liegen immer im Westen; man denke an die Gräber Ägyptens oder an die Insel *Avalon* (A-val) der Kelten. Deshalb auch sind die Kirchen immer im wahren Sinne des Wortes *orientiert*.

Warum aber weist Chartres nicht nach Osten, sondern nach Nordosten? Hat sich der Baumeister geirrt? Das ist ausgeschlossen. Er wäre der einzige in der ganzen Christenheit gewesen, der die Nordrichtung verfehlt hätte. Es gibt nur eine Erklärung: Diese ungewöhnliche Richtung deutet auf den Erdstrom hin. Kam man nach Chartres, um die Gabe der Erde zu empfangen, so mußte man im Erdstrom gewissermaßen baden, mußte ihm das Angesicht zuwenden. Das läßt mit großer Wahrscheinlichkeit vermuten, daß in den alten Zeiten, wo das Heiligtum des Hügels ein Dolmen war, ein bedeckter Gang zu ihm hingeführt hat, durch den man, in die Aura des Erdstroms tauchend, jener Neugeburt entgegenging, die den göttlichen Geist im eigenen Geiste entband. Seltsam, daß in christlicher Zeit wieder ein bedeckter Gang erscheint! Was hätten aber die unterirdischen Gänge sonst zu bedeuten, die von den Fassadentürmen zur Grotte der Schwarzen Jungfrau führen, hin zur Stelle, wo sich der Dolmen befunden hat, zum Brunnen, dessen Wasser als wundertätig galt, bevor er zugeschüttet wurde?

4

EIN MUSIKINSTRUMENT

Die Kathedrale von Chartres ist ein gotisches Bauwerk. Die Gotik ist ein Bausystem, das auf dem spitzbogigen Kreuzrippengewölbe beruht. Man datiert sein erstes Auftauchen gewöhnlich um 1130. Nach Régine Pernoud erscheinen die ersten Kreuzrippengewölbe, von denen man weiß, in der Lombardei, desgleichen im Alpengebiet und in Südfrankreich[1]. Jean Taralon entdeckt ebensofrühe Spitzbogengewölbe in Jumièges[2]. Auch in England hat man sie nachgewiesen. Genaues weiß man nicht. Die Gotik erscheint im Westen des christlichen Abendlandes an vielen Orten zugleich – und immer in Benediktiner- und Zisterzienserabteien, vor allem in den letzteren.

Genaugenommen taucht die Gotik nach dem ersten Kreuzzug auf, und zwar nach 1128, dem Jahr der Rückkehr der neun ersten Tempelritter. Zwölf Jahre später errichtet Suger, der Abt von Saint-Denis, ein gotisches Gewölbe über den romanischen Grundmauern seiner Abtei. Etwa zur gleichen Zeit beginnt man mit dem Bau der Kathedrale von Noyon. Von nun an wird an vielen Orten, vor allem aber in der Ile-de-France und in der Champagne, gotisch gebaut; Kloster- und Laienkirchen entstehen so.

---

[1] Régine Pernoud: Les Grandes Époques de l'Art en Occident. Editions du Chêne, 1954.

[2] Jean Taralon: Jumièges. Editions du Cerf, 1962.

Das ist bemerkenswert, läßt es doch den Schluß zu, daß eigens Baumeister ausgebildet worden sind, daß es also eine Art Schule gegeben hat, von der aus sie sich über das christliche Abendland zerstreut haben. Dies läßt vermuten, daß hinter der Verbreitung des gotischen Konstruktionssystems ein *Wille* gestanden hat. Solch ein Wille aber setzt voraus, daß seine Initiatoren, die selber geistlichen Standes waren, mit dem Kreuzrippengewölbe eine Wirkung besonderer Art erzielen wollten. So ist das Geheimnis der Gotik eng verwoben mit dem Geheimnis ihrer Geschichte.

Es ist nicht wahr, daß die Gotik die Romanik einfach ablöst. Romanische und gotische Bauweise gab es nebeneinander zur gleichen Zeit. Die Baumeister der Romanik haben weiterhin romanisch gebaut, während die Baumeister der Gotik längst gotisch bauten. Beide Schulen vermischen sich nicht. Wenn sich die romanische Schule in Gotik versuchte, so entstand zumeist ein Bastardstil, den man später höflicherweise *gotischen Übergangsstil* genannt hat. Die gotischen Baumeister selbst aber tappten nicht herum; die Architekten von Senlis (1154) verstanden ihr Handwerk.

Man weiß von der Vereinigung der Kirchenbaumeister in Bruderschaften. Es muß sich also um zwei verschiedene Bruderschaften gehandelt haben (und das ist wichtig), die allerdings voneinander Kenntnis hatten. Das erforderliche Wissen war natürlich im einen und im anderen Falle nicht das gleiche, wenn auch beide Systeme aus dem Bestreben hervorgingen, das Geschenk der Mutter Erde, den tellurischen Strom eines Ortes, dem Heile der Menschen zu erschließen.

Die einfachste und ursprünglichste Methode, die dazu führte, war die, diese Ströme an ihrer Quelle – im Schoße der Erde, in der Höhle – aufzusuchen oder Wasser zu gebrauchen, das unter dem Einfluß eines tellurischen Stromes stand (daher der rituelle, der heilige Brunnen). Wo es aber keine Höhle gab oder wo sie nicht tauglich war, schuf man eine künstliche Höhle: bei den Druiden war dies die Dolmenkammer, bei den Christen die Krypta.

Um die Wirkung des Erdstromes zu verstärken, nahmen die Menschen der Megalithkultur den Dolmen zu Hilfe: ein Instrument aus Stein. Neben anderen besitzt ja der Naturstein zwei besondere Eigenschaften: Die eine besteht darin, daß er – wie sein kleiner künstlicher Bruder, der Ziegelstein – eine Art von Akkumulator ist, d. h. er vermag tellurische oder kosmische Strahlungen zu speichern. Die andere Eigenschaft: er ist Materie, die in Schwingung geraten kann. Es gibt steinerne Musikinstrumente, die nach rationalen Maßen zugehauen sind; dies ist der Fall bei den Obelisken.

Das merkwürdige Dolmen-Instrument, eine Steintafel, die von zwei, drei oder vier steinernen Stützen getragen wird, ähnelt ein wenig der Klangplatte eines Xylophons. Die Tafel ist zwei verschieden gerichteten Kräften unterworfen, der Kohäsionskraft und dem Gewicht, d. h. sie befindet sich in Spannung. Sie ist so empfänglich, daß sie wie die gespannte Saite einer Harfe zu vibrieren vermag. Der Dolmen ist Akkumulator und Verstärker zugleich. Die Qualität der tellurischen Welle aber wirkt in voller Stärke erst in der Dolmenkammer, weil sie hier auf einen Resonanzkasten trifft.

Man wird einwenden, dies erfordere eine weit größere Wissenschaft, als man sie Bisonjägern zutrauen könne, die ihre Pfeilspitzen aus Feuerstein schneiden. Aber ist es nicht genauso absurd sich vorzustellen, man habe durch Aufrichtung von Dolmen die Folklore fördern oder mit der Kathedrale die Beauce verzieren wollen? Was weiß man eigentlich vom Wissen jener sogenannten Wilden, die in den Bergen Andalusiens einen Dolmenstein von nicht weniger als dreißig Metern Länge und entsprechender Breite zu transportieren wußten! Damit würde keine moderne Maschine fertig!

Wie dem auch sei – erst als die Kunst, so mächtige Platten umzubewegen, geschwunden war, kam man auf andere Methoden. Mit noch unzureichenden Kenntnissen errichtete man – zuerst im Urchristentum, dann in der byzantinischen Epoche, später in der Romanik – mit Hilfe von Kuppel und Rundbogen, römischem

Erbe, den Resonanzkasten als künstliche Höhle über der Erde. Aber ein in ruhigem Gleichgewicht lastendes Gewölbe besitzt keine Spannung, kann nicht in Schwingung geraten. Dies führte die Benediktineräbte dazu, die planetarische Strahlung auf zweierlei Weise zu verstärken, einmal durch hörbare Musik – dem verdanken wir die Gregorianik –, zum andern durch die sichtbare Musik der geometrischen Harmonie in Proportionen und Bauformen.

Gegen Ende des 11. Jahrhunderts, mit Sicherheit später als der persisch-arabische Kulturkreis, entdeckte Cluny – wie es scheint – den Spitzbogen und seine physiologische Wirkung auf den Menschen. Ob das nun mit einem Mimetismus zusammenhängt, ob der Einfluß von Kraftlinien oder anderes als Ursache in Frage kommt, sicher ist, daß der Spitzbogen auf den Menschen *wirkt*. Unter dem Spitzbogen richtet sich der Mensch auf: er *errichtet* sich. Ein historisches Ereignis! Denn als der Spitzbogen auftaucht, erwacht der Mensch zum Bewußtsein seiner Individualität; vorher lebte er nach Art eines Knechtes, abhängig von Herrschern, die ihn führten. Seit dem Auftauchen des Spitzbogens gibt es Gleiche unter Gleichen, gibt es Bürger. Noch bedeutsamer ist dies in religiöser Hinsicht; denn durch eine aufrechte Wirbelsäule stellt sich der Mensch so zwischen Himmel und Erde, daß er im Einflußbereich von beider Wirkungen steht.

Das menschliche Maß des Spitzbogens war den damaligen Baumeistern so wichtig, daß man vor die romanische Vorhalle der Abteikirche von Vézelay – da man sie nicht abtragen wollte oder konnte – eine Art riesigen Spitzbogengiebel setzte, obwohl keinerlei architektonische Notwendigkeit dazu vorlag. Er hat die gleiche Form, die gleichen Proportionen wie der Gewölbespitzbogen von Chartres, den man nicht mit dem Bogen des Portals, der zweifellos eine Untersuchung verdiente, verwechseln sollte. Ersterer ist tatsächlich über dem Fünfstern konstruiert, der traditionellen Darstellung des Menschen. Dabei ist der Stern einem Kreis eingeschrieben, dessen Durchmesser gleich der Höhe des Schlußsteins ist (vom Ansatz des Bogens an gerechnet). Die beiden unteren

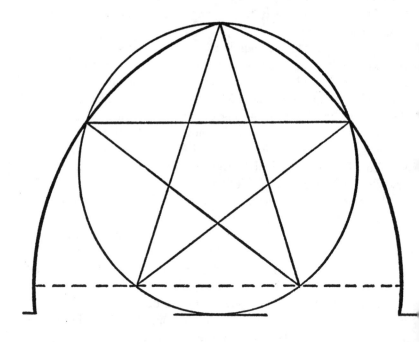

Der Spitzbogen ist über dem Fünfstern errichtet, dem traditionellen Zeichen des Menschen.

Spitzen des Fünfsterns sind die Mittelpunkte der Kreisbögen, welche die beiden Arme des Spitzbogens bilden. Diese Bögen schneiden den Kreis in den drei höhergelegenen Sternspitzen. Die höchste, nach oben weisende Sternspitze bezeichnet den Schlußstein.

Ist diese zeichenhafte Gegenwart des Menschen im Gewölbe nur eine Allegorie? Bleibt das Zeichen ohne Einfluß auf den Menschen, der in die Kathedrale tritt? Hat der Baumeister nicht an eine *Wirkung* gedacht, als er – im Rahmen der Harmonie des Gesamtbauwerks – dem Gewölbe ein Zeichen einschrieb, das die geistige Entwicklung des Menschen anzuregen vermag?

Diese Wirkung verstärkte sich noch erheblich, wenn sich die Spitzbögen kreuzweise zum Gewölbe fügten. Damit fanden die Initiatoren der Gotik zum Geheimnis des *singenden Steines* zurück, des gespannten, schwingenden Steines, das verloren war, seitdem man es nicht mehr verstand, die riesigen Steintafeln der Dolmen von der Stelle zu bewegen.

Das gotische Kreuzgewölbe beruht auf dem Prinzip, seitlichen Druck in senkrechten Druck umzuwandeln. Die Symphonie der Spannungen, unter denen die Steine stehen, hebt das lastende Gewicht des Gewölbes auf, so daß es unter dem seitlich andringenden Druck der Streben eher nach oben als nach unten ausbräche. Das gotische Bauwerk erfordert, um überhaupt bestehen zu können, daß Schub und Gewicht genau aufeinander abgestimmt sind. Das *Gewicht* des Gewölbes, das den Seitendruck erzeugt, wird durch die *Form* des Gewölbes aufgehoben. Die steinerne Sprungfeder befindet sich also in fortwährender Spannung, die durch die Kunst des Baumeisters »gestimmt« werden kann, nicht anders als man eine Harfensaite stimmt. Daß die Kathedrale ein Musikinstrument sei, ist nicht nur ein schöner Vergleich, sie ist es tatsächlich.

Das gibt anscheinend dem offiziellen Evolutionismus recht, der in der Gotik das reife Ergebnis der Romanik sehen will, leichter in der Konstruktion und deshalb billiger. Dennoch sind beide Systeme einander entgegengesetzt. Die Romanik, ihrem Wesen nach *statisch*, ist Bild der von oben nach unten weisenden Kraft; das Gewölbe *lastet* auf den Mauern. Die Gotik, *dynamische* Druckwirkungen zum Ausgleich bringend, ist Bild *emporstrebender* Kraft. Das romanische Gewölbe möchte abstürzen, das gotische möchte aufspringen.

Man kann gewiß Romanik und Gotik in einem Bauwerk vereinigt finden, aber niemals im Gewölbe! Romanische Grundmauern haben als Unterbau von gotischem Strebewerk gedient, und die Baumeister haben keine Gelegenheit versäumt, massive romanische Mauern als Stützen zu nutzen; sie haben dabei Wände und romanische Fenster geschont, was aber nicht bedeutet, daß es einen gradweisen Übergang von einem Stil zum andern gegeben habe.

Warum aber der Ausdruck Gotik? Die Bauweise hat absolut nichts mit den Goten zu tun; merkwürdigerweise kann sie sich ungebrochen nur innerhalb der Grenzen des ehemalig keltischen Kulturraums entwickeln. Man hat manche etymologische Erklärungen vorgeschlagen. Drei davon lassen sich rechtfertigen:

1. Eine keltische Etymologie. Keltisch *Ar-Goat* heißt: Waldland, Land der Bäume. Nicht nur, daß es in einem gotischen Bauwerk manchmal wirklich wie in einem Hochwald aussieht, wo sich die Zweige verschränken, sondern ein gotischer Bau ist, bevor Steinmetze und Maurer daran arbeiten, ein hölzernes Gerüst. Das gotische Gewölbe wird auf dem Boden aufgezeichnet und vorgefertigt, dann über dem zugerichteten Gerüst erbaut. Ohne Zimmerleute, ohne Holz gäbe es kein Kreuzrippengewölbe; das ist *goatische* Kunst.

2. Eine griechische Etymologie. Nach dieser wäre *Gotik* verwandt mit griechisch γόης (Zauberer), γοητεία (Zauberei), γοητεύω (bezaubern). Im Französischen heißt *Bezauberung*: envoûtement (vom mittellateinischen *invultare*: durch ein Bild bezaubern), zugleich *Einwölbung*. Über diesen Zusammenhang wäre manches zu sagen. *Einwölbung*, das bedeutet, den Übergang zu finden vom Geradlinigen zur Kurve, von der linearen, irdischen Geometrie zu einer Kurvengeometrie, einer kosmischen

Geometrie. Halten wir nur dies fest, daß die Gotik magisch wirkt, eine *goetische* Kunst ist.

3. Eine kabbalistische Etymologie. Auf diese hat der gelehrte Adept Fulcanelli in seinem Buch *Das Geheimnis der Kathedralen*[1] hingewiesen, wo er die gotische Kunst von *argotisch,* dem Schiff *Argo* ableitet, und von *Argot,* einer ursprünglich kabbalistisch-alchemistischen Geheimsprache. Das würde auf die in der Kathedrale verborgene hermetische Geheimwissenschaft hindeuten und aus der Kathedrale eine Art alchemistische Retorte zur Umbildung des Menschen machen.

Wie es oft der Fall ist, überlagern sich die drei Etymologien und treffen allesamt zu. Die Kathedrale ist *goatisch* gebaut, aber nicht nur, weil man hölzerne Gerüste verwendet hat, sondern auch, weil ihre Gesetze den Bildegesetzen des Pflanzenwachstums entsprechen. Sie ist *goetisch* gebaut, weil sie nach den magisch wirksamen Gesetzen der Harmonik den Menschen ergreifen soll. Sie ist in religiösem Sinne *argotisch* gebaut, weil dieses schönste Kirchenschiff tatsächlich ein Schiff ist – wie die Argo –, das einen in eine andere Welt hinüberträgt. Diese Aspekte werden wir in den *Drei Tafeln* wiederfinden, die den Proportionen und den Ausmaßen der Kathedrale von Chartres zugrunde liegen.

[1] Fulcanelli: Le Mystère des cathédrales. Pauvert 1964.

5

EIN ERSTAUNLICHES WISSEN

Wie Athene dem Haupt des Zeus entsprang, so ging die Gotik aus Häuptern hervor, die ein erstaunliches Wissen bargen. Um die gotische Gewölbetechnik überhaupt möglich zu machen, mußte – siebenhundert Jahre vor Monge – eine Art von Darstellender Geometerie erfunden werden, die es gestattete, nach einfachem Aufriß auf dem Boden sowohl die gegenseitige Durchdringung von geraden oder gekrümmten Raumformen als auch das Verhältnis von Gewölbelast und Stütze zu regeln. Und dennoch: Welch klare Einfachheit der Risse in geometrischer Harmonie!

Der materielle Aspekt dieser Kunst ist nicht verlorengegangen; die geistlichen Baumeister haben sie von den Mönchen von Cîteaux erlernt, den *Missionaren der Gotik,* wie Pierre du Columbier sie nennt. Die Baumeister jener Zeit haben sie in ihren Bauhütten den Schülern weitervermittelt. So blieb sie bis in unsere Tage erhalten; noch heute wird sie in den *Cayennes* der *Compagnons des Devoirs,* den historischen Erben jener Bruderschaften, gelehrt. Sie machen aus ihrem Besitz kein Geheimnis, auch nicht daraus, woher ihr Wissen stammt; nur seinen Inhalt halten sie – wie andere tradierte Lehren – streng geheim. Im vorigen Jahrhundert waren diese Bruderschaften unter dem Namen der *Compagnons du Tour de France* bekannt. An sie wandte sich Eiffel, als er seinen Turm konstruierte, an sie wandte sich Viollet-le-Duc bei seinen Restaurationen. Wie immer ihre Überzeugungen auch beschaffen sein mögen, sicher ist, daß sie sich von der Arbeit eine Auffassung bewahrt haben, die fast religiös zu nennen ist; ihre Philosophie gründet sich auf der absoluten Achtung der menschlichen Persönlichkeit und der menschlichen Freiheit.

Dieselbe Achtung finden wir bei den Schöpfern der Gotik, denen daran lag, dem Menschen das rationale Werkzeug zu seiner Vervollkommnung selbst in die Hand zu geben. Dafür ist der Spitzbogen des Portals ein beweiskräftiges Beispiel. Wer eine romanische Kirche durch das Hauptportal betreten hat, findet sich zunächst in einem Vorraum, dem Narthex, einem Ort des Verweilens, der Erwartung und der Sammlung, an einer Stätte, die den Eintretenden zur Selbstläuterung bestimmt. Mit der Gotik aber verschwindet der Narthex; statt seiner empfängt nun der Spitzbogen des Portals den Menschen und fordert von ihm, sich aufzurichten, sich seiner selbst bewußt zu sein. Dieser ist nicht mehr nur ein Schäflein seiner Gemeinde, sondern – ob gut oder böse – ein Mensch, der sich fortentwickeln soll. Ins Innere der Kirche tretend, soll er durch Einwirkung der Bauformen eine Umbildung erfahren, die in ihm wenn schon kein kosmisches Bewußtsein, so doch eine gewisse kosmische Empfindung erzeugt, was eine erste Stufe der Erweckung bedeutet.

Aber vergessen wir nicht: Die Kathedrale ist ein öffentliches, um nicht zu sagen weltliches Gebäude, fürs Volk bestimmt und nicht für solche, die sich freiwillig geistlichen Übungen unterziehen. Bernhard von Clairvaux spricht sich darüber aus in seinem berühmten Brief an den Abt Peter von Cluny: *Die Kunst ist lediglich ein Mittel, das den Einfältigen und Unmündigen hilft, den Wissenden und Vollkommenen aber unnütz oder gar schädlich ist. Deshalb sollen die Mönche die Pflege der Architektur den Hirten des Volkes überlassen.* Manche haben daraus geschlossen, Bernhard habe die Kunst verworfen. Welch ein Irrtum, wurde doch die Gotik durch seinen Orden propagiert! Anne-Marie Armand nennt ihn sogar den *Schöpfer der Idee der gotischen Kathedrale.* Tatsächlich gibt es überraschende Entsprechungen zwischen den Reisen Bernhards und dem Wirken gotischer Bauhütten.

Was aber besaßen jene Menschen – Konzeptoren und Architekten der Gotik – für eine Wissenschaft, daß es ihnen gelang, geistige Werkzeuge von solcher Qualität zu schaffen? Man begreift bald, daß ein Stein, der – wie Claudel es ausdrückt – *so gespannt ist, daß man ihn mit dem Fingernagel zum Klingen bringen kann,* wie ein Dolmen wirken muß, der die tellurischen Ströme auffängt. Wie der Dolmen steht auch die Kathedrale in Berührung mit dem Wasser: ursprünglich gab es in Höhe des Chors einer jeden Kathedrale einen Brunnen. Mehr noch! Die Kathedrale ragt hoch auf. Auch das ist Absicht. Sie taucht ins Luftmeer ein, dem Regen, den Stürmen, den atmosphärischen und kosmischen Strömen preisgegeben. Sie fängt das Licht auf, absorbiert und verwandelt es. Erde, Wasser, Luft und Licht! Ein Athanor menschlicher Alchimie! Denn es handelt sich um Alchimie, allerdings nicht um die Verwandlung eines Metalls, sondern des Menschen, der zu einer höheren Form seiner selbst erzogen werden soll.

Damit aber das Instrument seine Aufgabe erfüllen konnte, mußte es auf Erde, Himmel und Mensch zugleich gestimmt sein. Woher konnte im finsteren Mittelalter das Wissen hierüber kommen? Es war der Großmeister der Templer, der den *Abacus* trug, den Stab der Meister aller Baumeister.

6

DIE SENDUNG DER NEUN RITTER

Die Geschichte berichtet, daß im Jahre 1118 neun *fromme und gottesfürchtige* französische Ritter vor den König von Jerusalem, Baudouin II., hintraten. Sie unterbreiteten ihm ihre Absicht, eine Gemeinschaft zu gründen mit der Zielsetzung, *die Pilger vor Dieben und Mördern zu schützen und die öffentlichen Landwege zu überwachen.* König Baudouin, der sie freundlich empfing, nahm ihr Anerbieten an. Er wies ihnen ein Haus in einem Flügel seines Palastes als Wohnung an. Dieses Haus stand an derselben Stelle, die einst den Tempel Salomos getragen hatte, auf dem *Masjid-el-Aksa.*

Alsdann suchten die neun Ritter den Patriarchen von Jerusalem auf mit der Bitte, ihre selbstgewählte Aufgabe anzuerkennen und ihrem Wunsch, künftig ein mönchisches Leben zu führen und als *Streiter Christi* betrachtet zu werden, stattzugeben. Der Patriarch billigte ihren Entschluß, und sie legten vor ihm die drei Gelübde der Keuschheit, des Gehorsams und des Verzichtes auf persönlichen Besitz[1] ab (allerdings blieben sie Laien bis 1128). Schließlich traten ihnen die Stiftsherren vom Heiligen Grabe unter gewissen Bedingungen das Grundstück ab, welches das vom

---

[1] Der Ausdruck von Guillaume de Tyr ist *sine proprio,* was man vielleicht etwas vorschnell mit »Armut« übersetzt hat.

König zur Verfügung gestellte Gebäude umgab. Die Geschichte berichtet weiter, daß sie wegen ihrer Niederlassung am Ort des Salomonischen Tempels *Tempelritter* oder einfach *Templer* genannt wurden. Ein Vorzeichen besonderer Art!

So beginnt die schöne Legende des Templerordens, der der ganzen Christenheit seinen Stempel aufdrücken sollte. Sie endet 1314 auf dem Scheiterhaufen, als Philipp der Schöne den letzten Großmeister Jaques de Molay dem Feuertode überantwortet.

Die Templer, so sagt man, sind arme Ritter. Als sich der Orden konstituiert, wird *Hugo von Payns,* ihr Anführer, sein erster Großmeister. Er besitzt ein Lehen nordwestlich von Troyes. Dort wird das erste Ordensgut der Ritter – ihre wichtigste Komturei im Abendland – eingerichtet. Hugo von Payns entstammt der Sippe der Grafen von Champagne. Seine rechte Hand ist *Gottfried von Saint-Omer,* ein Flame. Einem seiner Verwandten hatte Baudouin I. Tiberias und das Fürstentum Galiläa anvertraut. Ein dritter ist *Andreas von Montbard,* der Onkel des heiligen Bernhard, des Abtes von Clairvaux. Er ist mit dem Grafen von Burgund verwandt. Auch *Payen von Mondidier* und *Archambaud von Saint-Amand* sind Flamen. Von den anderen kennt man entweder nur die Familiennamen oder nur die Vornamen: *Gondemare, Rosal, Godefroy* und *Geoffroy Bisol.*

Bei solchen Namen kann doch wohl nur von einer relativen Armut die Rede sein. Aber nehmen wir einmal an, daß sie arm sind, daß auch ihre Knappen, ihre Waffenträger und Knechte arm sind, jedenfalls haben sie ihre Dienerschaft bei sich, denn ein Ritter jener Zeit ist nicht in der Lage, sich selbst die Rüstung anzulegen und allein zu kämpfen. Auf jeden Fall haben sie, wie ihr Gelübde besagt, keinen *persönlichen* Besitz. Dieses Gelübde gilt, solange der Orden besteht, wie groß auch sein Reichtum sein wird.

Auch das Gelübde der Keuschheit verdient Beachtung. Mag auch die Enthaltsamkeit zu der Vorstellung passen, die man sich damals von einer Gruppe von Rittern gemacht hat, die nach ihrem Seelenheile trachten, so hat doch dieses Opfer mit dem selbstgewählten Auftrag, beritten und bewaffnet die Pilgerwege zu überwachen, nichts zu tun. Dazu dient ein lüsterner Soldat so gut wie ein makelloser Ritter.

Die Aufgabe war gewiß verdienstvoll und nützlich. Das Hinterland zwischen Jaffa und Jerusalem wurde nicht nur durch die Razzien muselmanischer Armeen unsicher gemacht, sondern auch von räuberischen Beduinen heimgesucht, denen die »ehrbaren« einheimischen Christen brüderlich zur Hand gingen, wenn es galt, die Pilger auszuplündern. Gab es aber nicht bereits eine Straßenwache, einen anderen Orden mit derselben Aufgabe? Auch der *Hospitaliter*-Orden der *Johanniter* von Jerusalem, dem damals allerdings nicht nur Ritter angehörten, hatte es sich zur Aufgabe gemacht, die Pilger zu beherbergen und sie zu verteidigen. Die Logik der Sache und die Notwendigkeit einer guten Organisation hätten eigentlich dazu führen müssen, daß man die neun Ritter, die die Pilger ebenfalls schützen wollten, an den Hospitaliter-Orden verwiesen hätte. Das war nicht der Fall.

Auch die Geschichtsschreibung läßt offen, in welcher Eigenschaft die neun Ritter nach Jerusalem kommen. Sie sind keine Kreuzritter, denn sie sind keinem Kriegsheer angeschlossen. Sie sind auch keine Pilger, denn Ritter, die sich auf Pilgerschaft begeben, sind dazu angehalten, als mit der Waffe Vertraute *im Namen Gottes* das Schwert zu führen, anstatt unter dem wegelagernden Gesindel Maulschellen auszuteilen. Die Tempelritter aber nehmen an *keiner* kriegerischen Handlung teil. Sie sind auch keine Einwohner des Heiligen Landes, sonst hätte der König sie nicht eigens aufnehmen müssen. Sie sind Unabhängige, erscheinen als solche vor dem König und genießen sofort sein besonderes Wohlwollen; er überläßt ihnen sogar einen Teil seines Palastes und veranlaßt die Stiftsherren vom Heiligen Grabe, den Platz zu räumen. Bald, nachdem die Frankenkönige in die Stadtfeste des Davidsturms umgezogen sind, steht den neun Rittern sogar das ganze verlassene *Templum Salomonis* zur alleinigen Verfügung. Alles geschieht wie in der Absicht, ihnen die Obhut gerade dieses Ortes zu übertragen, ihnen allein; und sie bleiben auch allein. Der

Historiker Guillaume de Tyr ist in diesem Punkt deutlich. Neun Jahre lang nehmen sie niemanden in ihren Kreis auf, mit einer bemerkenswerten Ausnahme: Gegen 1125 stößt ein neuer Ritter zu ihnen, *Hugo*, Graf von Champagne, der seine Grafschaft verlassen und Weib und Kind verstoßen hat, um sich ihnen anzuschließen. Einer der größten Lehnsherrn Frankreichs – ein Straßenwächter? Auch dem Unkundigen muß da ins Auge springen, daß die neun, dann zehn Ritter nicht allein gekommen sein können, um Pilgerwege zu überwachen. Hinter dieser Aufgabe muß sich eine andere verbergen. Dieser geheime Auftrag bezieht sich auf den Tempel Salomons selbst, der von jedermann geräumt wird, um den Rittern volle Freiheit zu lassen.

Die neun Ritter sind beauftragt und entsandt. Von wem? Erinnern wir uns noch einmal an das Gelübde des Gehorsams, das die neun Ritter dem Patriarchen von Jerusalem neben dem der Armut und der Keuschheit in die Hand gelobten! Dabei stellt sich nämlich die Frage: *Wem* (oder welcher Sache) werden sie gehorsam? Ordensgeistliche gehorchen einer Regel und einem geistlichen Oberhaupt. Aber 1123 signiert Hugo von Payns noch als Laie. Einer noch nicht vorhandenen Regel kann man nicht gehorsam sein. Und offiziell sind die neun nicht geistlichen Standes. Auch einem König gelobt man nicht Gehorsam; ihm leistet man den Treueid. Der Patriarch von Jerusalem scheidet ebenfalls aus; ihm haben sie niemals gehorcht. Wem aber dann?

Lassen wir die Dokumente sprechen! In den Privilegien des Ordens von Cîteaux ist eine Schwurformel der Tempelritter erhalten, die den Eid der ersten Ritter wiederzugeben scheint: *Ich schwöre, meine Rede, meine Kräfte und mein Leben in der Verteidigung des Bekenntnisses des in den Mysterien des Glaubens gegenwärtigen Gottes zu heiligen. Ich gelobe dem Großmeister des Ordens Unterwerfung und Gehorsam. Wenn die Sarazenen in christliches Land einfallen, werde ich übers Meer fahren, um meine Brüder zu befreien. Die Hilfe meines Arms soll der Kirche und den Königen gehören im Kampf gegen die Heidenfürsten. Sind meiner Feinde nicht mehr als drei, so werde ich sie bekämp-*

fen und niemals feige die Flucht ergreifen. *Ohne Beistand werde ich sie bekämpfen, wenn sie Ungläubige sind.* Wie kommt dieses Schriftstück in die Privilegien des Zisterzienserordens?

Und hier ein Teil der Formel, die der Meister oder Prior der portugiesischen Provinz auszusprechen hatte. Sie ist in einer Handschrift der Provinz von Alcozaba erhalten: *Ich..., Ritter des Ordens vom Tempel und neuerwählter Meister der Ritter in Portugal, gelobe ... Unterwerfung unter den Großmeister des Ordens, den Statuten gemäß, die uns vorgeschrieben sind von Unserem Vater, dem heiligen Bernhard, ... und daß ich den Ordensbrüdern, vor allen Dingen den Ordensbrüdern von Cîteaux und ihren Äbten, die unsere Brüder und Kumpane sind, keine Hilfe versagen werde ...* Der Text ist eindeutig. Zwar läßt sich die Bezeichnung *Brüder* leicht auf die Brüder aller Orden ausdehnen, die Bezeichnung *Kumpane* dagegen gilt beschränkt für die Angehörigen einer Kumpanei (lat. companium), einer *Brotgenossenschaft*. Menschen, die dasselbe Brot essen, arbeiten am gleichen Werk.

Es gibt aber einen Text, der noch deutlicher spricht. Beim Prozeß gegen die Templer im April 1310 übergab Bruder Aymery aus der Diözese Limoges den päpstlichen Bevollmächtigten die Verteidigungsschrift der in der Abtei von Sainte-Geneviève gefangengehaltenen Templer, die in Form eines Gebetes abgefaßt war, was zugleich ein Glaubensbekenntnis und eine Erinnerung an die durch den Orden vollbrachten Werke war. Darin heißt es – wobei Gott angerufen wird –: *Dein Orden, der vom Tempel, ist zu Ehren der Heiligen und Ruhmvollen Jungfrau Maria, Deiner Mutter, auf dem Generalkonzil vom seligen Bernhard, Deinem heiligen Bekenner, gegründet worden, der von der Heiligen Römischen Kirche zu diesem Amte ausersehen war. Er hat, zusammen mit anderen ehrbaren Männern, dem Orden seinen Auftrag gewiesen und übergeben.* Weiter heißt es, wobei die Jungfrau angerufen wird: *Heilige Maria, Mutter Gottes, verteidige Deinen Orden, der von Deinem heiligen und teuren Bekenner, dem seligen Bernhard, gegründet worden ist ...* Hier steht es schwarz auf weiß. Schutzherr des Ordens war der heilige Bernhard. Also galt das Gelübde des Gehorsams, noch bevor es zur offiziellen Stiftung kam, keinem anderen als ihm. Den Auftrag, der ihnen anvertraut wurde, haben nicht sie erfunden; sie leisteten Gehorsam.

Gestützt auf diese Dokumente, könnte man mit Fug und Recht einen indirekten Beweis führen. Das Oberhaupt des Ordens, Hugo von Payns, Vasall des Grafen von Champagne und sein Verwandter, ist ein Nachbar der Zisterzienserabtei Clairvaux und ihres Abtes Bernhard. Es ist unwahrscheinlich, daß Bernhard, der Ratgeber, wenn nicht gar heimliche Regent des ganzen Adels der Champagne, ihn nicht gekannt hat.

Andreas von Montbard ist der leibliche Onkel des heiligen Bernhard, der Bruder seiner Mutter Aleth von Montbard. Wenn man den Einfluß des Abtes auf seine eigene Familie kennt, darf man wohl annehmen, daß Andreas die Ansichten und Vorschläge Bernhards unterstützt hat, mit dem er in dauerndem Briefwechsel stand, an den er sich als an seinen unmittelbaren Superior wandte. Später ist es der Lehnsherr von Clairvaux selbst – seiner Schenkung verdankt die Abtei ihre Ländereien –, Hugo von Champagne, der sich den Rittern im Heiligen Land anschließt.

Die übrigen Ritter, deren Namen wir kennen, sind Flamen. Beim Tod des Königs von Jerusalem, Baudouins I., wurde die Königswürde seinem Bruder Eustach von Boulogne angetragen. Dieser begab sich auf die Reise, mußte aber in Apulien erfahren, daß sich sein Vetter, der Graf von Edessa, bereits hatte krönen lassen. Er kehrte auf der Stelle um, gab aber seinen Rittern die Erlaubnis, ihre Reise übers Meer fortzusetzen. Nun führt der Reiseweg von Flandern nach Italien durch die Champagne. Es ist also naheliegend, daß Eustach von Boulogne sich dem Fürsten vorgestellt hat, dessen Land er durchquerte: Hugo, dem Grafen von Champagne, dem zukünftigen Tempelherrn, der seinerseits aus dem Heiligen Land zurückgekehrt war. Er wird auch mit Bernhard von Clairvaux in Berührung gekommen sein, der markantesten Persönlichkeit geistlichen Standes im Abendland. Alle

Fäden laufen bei dem heiligen Abt zusammen, und zwar mehr oder weniger über den Grafen von Champagne, dessen Gestalt aus dem Dunkel kaum hervortritt, obwohl er mit dem Ursprung der Templer-Geschichte sehr eng verbunden scheint. Ich halte für wahrscheinlich, daß die drei flämischen Ritter – Hugo von Saint-Omer, Payen von Montdidier und Archambaud von Saint-Amand – zum Geleit des Eustach von Boulogne gehört und daß sich dann die beiden Ritter aus der Champagne – Hugo von Payns und Andreas von Montbard – dem Zuge mit einem Auftrag des heiligen Bernhard angeschlossen haben. Das hinwieder läßt vermuten, daß Eustach von Boulogne über die Sendung der beiden Ritter aus der Champagne mehr oder weniger unterrichtet gewesen ist, was – wenn man es recht betrachtet – ganz natürlich ist: Eustach brach auf, um sich zum König von Jerusalem krönen zu lassen; er war damit derjenige, von dem sie bei ihrem Auftrag die wirksamste Hilfe erwarten konnten. Als er in Apulien erfuhr, daß sein Vetter den Thron bereits eingenommen habe, entschloß er sich, seine Reise abzubrechen, gestattete aber, daß einige seiner Ritter sich mit dem Auftrag des Hugo von Payns verbanden, um für dessen Sache bei dem neuen König, Baudouin II., einzutreten, der ebenfalls Flame und mit ihnen verwandt war.

Man kann den Eindruck haben, all dies werde unter dem Schleier der Allegorie in den Erzählungen der Tafelrunde dargestellt, zumindest in den Episoden, die die Eroberung des Heiligen Gral betreffen. Da erobert Lancelot das Schloß der Abenteuer, in welchem sich das heilige Gefäß befindet. Er aber kann es nicht erlangen. Erst Galaad gewinnt den Gral, und Perceval weiß ihn zu brauchen. Wir werden auf den Gral noch zurückkommen.

7

IN SALOMONS TEMPEL

Es ist offenkundig, daß Bernhard von Clairvaux weder Hugo von Payns noch seinen Onkel Andreas von Montbard ins Heilige Land entsandt hat, um sie dort Straßen bewachen zu lassen. Auch Eustach von Boulogne hat sich nicht aus diesem Grund von seinen Rittern getrennt. Ebenso hat Hugo von Champagne 1125 seine Grafschaft – fast schon ein Königreich – nicht wegen einer Straßenwache verlassen. Wenn aber die Überwachung der Straßen den wahren Auftrag der neun Ritter nur bemänteln sollte, worin bestand er dann?

Zweifellos sind sie als Ritter ausgewählt worden, weil man mutige und waffentüchtige Männer brauchte. Dennoch kämpfen sie nicht: sie dürfen ihr Leben nicht leichtfertig aufs Spiel setzen. Ihr Wächteramt zwingt sie, in Berührung mit der Welt zu bleiben. Zugleich aber sind sie angehalten, keusch und leidenschaftslos wie Mönche zu leben. Nichts darf sie von ihrer Aufgabe ablenken. Zwar sind sie nicht arm, doch ohne persönlichen Besitz. Es ist unmöglich, sie zu bestechen. Ihr Gehorsam ist unbedingt, ihr Auftrag geht allem anderen vor. Nur um eines *hohen* Auftrags willen können diese Männer sich zu solchen Opfern bereitgefunden haben. Es gibt nichts Neues unter dem Himmel. Man erinnere sich nur, wie gegen Ende des Zweiten Weltkriegs alle Atomwissenschaftler in der amerikanischen Wüste von Los Alamos stationiert wurden, weil die erste Atombombe gebaut werden sollte.

Ist die Bereitwilligkeit, mit der man den Rittern den Zugang zu den Überresten des Salomonischen Tempels freigab, nicht Hinweis genug, daß der Schlüssel des Rätsels an dieser Stelle zu suchen ist? Was sonst würde rechtfertigen, daß man neun fremden Rittern einen Platz überließ, an dem sich nicht nur der König und sein Hof, sondern auch die Mönche vom Heiligen Grab eingerichtet hatten? Man war nicht geizig, ihnen die nötige Bequemlichkeit zu schaffen, mehr als sie bedurft hätten. Nicht auf den Straßen, sondern im Tempel entfalteten sie ihre eigentliche Aktivität, die auch der Grund war, weshalb sie allein bleiben wollten. Was für eine Aktivität? Suchten sie etwas Verborgenes?

Tatsächlich – sie fingen an, die riesigen Pferdeställe Salomons unter dem Tempelplatz freizulegen, die seit der Zerstörung des Tempels offenbar verschüttet waren, da man sie nicht mehr erwähnt findet. Johann von Würzburg, ein deutscher Kreuzfahrer, der die Reste dieser Pferdeställe zu Gesicht bekam, beschreibt sie folgendermaßen: *Ein Pferdestall so wunderbaren und riesigen Ausmaßes, daß er an die zweitausend Pferde oder fünfzehnhundert Kamele aufzunehmen vermöchte.* Im Grunde genommen ist nur eine Erklärung möglich: Die neun Ritter sind gesandt, etwas Bedeutsames zu suchen, zu bergen und mit sich wegzuführen. Dafür waren bewaffnete Ritter nötig, Menschen, die keinen Leidenschaften unterworfen waren, handelte es sich doch um einen heiligen Gegenstand, der kostbar und gefährlich war und in strenges Geheimnis gehüllt werden mußte. Was aber konnte so bedeutsam und kostbar, so heilig und zugleich so gefährlich sein, wenn nicht die *Bundeslade* mit den *Tafeln des Gesetzes?*

Man hat im allgemeinen nur eine vage Vorstellung von der Bundeslade und den Gesetzestafeln. Die Bundeslade war ein Schrein aus harzreichem Akazienholz, der außen und innen mit Goldblech ausgekleidet war. Etwas überraschend mag dabei anmuten, daß sie die Eigenschaften eines elektrischen Kondensators besaß. Aber warum sollte Gott nicht auch etwas von Elektrizität verstehen? Moses ließ die Lade mit Metallantennen in der Gestalt von Cherubim versehen, um die statische Elektrizität zu sammeln. Ob die elektrische Ladung ausgereicht hat, einen Menschen zu erschlagen, wie dem armen Usa geschah, der es wagte, die Bundeslade zu berühren, lassen wir dahingestellt; sie reichte jedenfalls aus, um dem Vorwitzigen einen starken Schlag zu versetzen und die Funken springen zu lassen.

Die Bundeslade war ein Schrein, der seinen Inhalt hütet. Wichtiger aber als sie selbst war ihr Inhalt, waren die Tafeln des Zeugnisses, die Tafeln des Gesetzes. Von ihnen heißt es Exodus 31, 18: *Und da der Herr ausgeredet hatte mit Moses auf dem Berge Sinai, gab er ihm zwei Tafeln des Zeugnisses; die waren steinern und beschrieben mit dem Finger Gottes.* Als Moses später vom Sinai herabstieg, fand er das Volk, wie es dem Goldenen Kalb Opfer darbrachte. Moses ergrimmte darüber, zerbrach die Tafeln, schmolz und zermalmte das Goldene Kalb zu Pulver, stäubte es aufs Wasser und gab es dem Volk zu trinken[1]. Endlich sänftigte sich der Zorn Gottes und der Zorn des Moses, und Gott beschrieb zwei neue Tafeln *von beiden Seiten.* Das kann bedeuten: in einfacher und verkehrter Stellung – vorwärts und rückwärts – oder in doppeltem Sinne – exoterisch und esoterisch – lesbar. Moses legte die Steintafeln in die Bundeslade und ließ sie von Leviten, die *dem Herrn geheiligt waren,* warten und bewachen. Allerdings übten die Leviten dieses Amt nur vom dreißigsten bis zum fünfzigsten Jahre aus; danach mußten sie zurücktreten. Moses brauchte wehrhafte Bewacher des Allerheiligsten, weder Chorknaben noch Veteranen. Ein Fremder aber, der es wagte, sich den Tafeln zu nähern, war des Todes. Was für ein unantastbares Gesetz!

Der gute Kirchenchrist stellt sich unter dem Gesetz die Zehn Gebote mitsamt den rituellen und moralischen Imperativen vor, die von Moses herrühren. Das heißt aber: die Worte der Bibel verdrehen und das *Gesetz des Moses* als das Gesetz des HERRN ausgeben. Das Gesetz des Moses ist nicht geheim, sondern öffentlich verkündet und gelehrt. Im Allerheiligsten der Bundeslade können sich nicht die Vorschriften des Moses befunden haben.

[1] Böse Zungen behaupten, von daher rühre der unauslöschbare Durst dieses Volkes nach Gold.

Die Tafeln des Gesetzes sind heilig, *beschrieben mit dem Finger Gottes*; sie sind die kostbaren Zeugnisse des Bundes zwischen Gott und Israel. Sie sind gefährlich – und niemand, nicht einmal ein Levit, darf ihnen nahen, außer dem Hohenpriester, und auch er hat – nach Weisung Salomons – nur *einmal* im Jahr Zutritt zu dem Allerheiligsten. In der Lade liegt das Gesetz Gottes. Es steht geschrieben, daß die dem Volke Israel verheißene Macht von diesen Tafeln ausgeht, d. h., entweder sind sie ein Talisman oder ein Mittel zur Macht. Da Gott der Herr aber kein Zauberer ist, der Amulette und Talismane verfertigt, müssen die Tafeln ein *Mittel* sein.

Die Tafeln des Gesetzes sind die Tafeln des Logos, des Wortes, der Vernunft, des Maßes, des Verhältnisses, der Zahl. *Du hast alles geordnet mit Maß, Zahl und Gewicht,* sagt die *Weisheit Salomons* von Gott, d. h. das Gesetz Gottes setzt ein die Ordnung von Maß, Zahl und Gewicht. In der Sprache unserer Zeit hieße das: Die Gesetzestafeln enthalten die *Weltformel*. Wer im Besitz dieser Tafeln ist, hat damit den Zugang zur Erkenntnis des Großen Einheitsgesetzes, das das Universum regiert. Er hat die Macht, von den Wirkungen auf die Ursachen zurückzugehen und die Erscheinungen, wenn sie aus ihrer Ursache vielfältig heraustreten, von dieser her zu beeinflussen. Moses betrog das Volk Israel nicht, wenn er ihm im Namen Gottes kraft *dieses* Gesetzes Macht und Herrschaft verhieß. Nur Würdigen durfte ein solches Machtinstrument in die Hand gegeben werden. Deshalb war nicht nur der Zugang zu den Tafeln verboten, sondern mit großer Sorgfalt wurde ihr *Licht unter den Scheffel gestellt*.

Selbst wenn es einem Menschen gelungen wäre, den dreifachen Ring zu durchbrechen – den Schutz der Lade durch die bewaffneten Leviten, durch die elektrische Ladung und durch die geheimen Abwehrkräfte, die den Philistern *böse Beulen* verursachten –, er hätte doch, um die Tafeln lesen und benutzen zu können, einer besonderen Einweihung bedurft. Moses überlieferte diese Einweihung in semitischer Sprache vermittels einer Schrift, die unmöglich seine eigene Erfindung ist. Sie kann mit Hilfe eines Zahlensystems, das später *Kabbala* genannt wurde, entziffert werden. Das Geheimnis ist aber fester versiegelt, als es zunächst scheint.

Waren die Kommentare des Moses – seine heiligen Bücher – verschlüsselt, so durfte kein *Tüpfelchen des Gesetzes* geändert werden, sonst wäre die Geheimschrift unentzifferbar geworden. Man begreift nun auch, weshalb Stefan Harding, der heilige Stefan, Abt von Cîteaux, seit der Eroberung Jerusalems in seiner Abtei mit solchem Eifer hebräische Texte studieren ließ und aus Oberburgund gelehrte Rabbiner dazu berief, obwohl sein Orden mehr ein kontemplatives Leben führte. Und man begreift, weshalb der heilige Bernhard eigens eine Reise ins Land jenseits des Rheins unternahm, um den Judenhaß der dortigen Einwohner zu beschwichtigen, die – damals bereits – blutige Pogrome veranstalteten. Die hebräischen Schriften der Kabbala waren das Lehrbuch für die Entzifferung der Steinernen Tafeln; die Juden aber verwahrten dieses Lehrbuch.

Woher rührte das Gesetz der Tafeln? Von Gott, der es selbst *von rechts und von links* mit seinem Finger auf den Stein geschrieben hatte. Wahrlich ein Wunder! »Wunder« nennen ja die Menschen alles, was ihren Verstand übersteigt, oder alles, woran man sie glauben machen will. Gott selbst eines Wunders wegen herbeizitieren, hieße, ihn einer Vorstellung unterwerfen, die sich die Menschen von den Gesetzen, die die Welt regieren, gemacht haben. Es hieße, Gott in *unsere* Zeiten, in *unseren* Raum herniederzerren, ihn dem Demiurgen gleichsetzen, wenn nicht gar zum Weltzauberer erniedrigen. Zweifellos stammt alles von Gott, es realisiert sich aber durch den Menschen: Gott gibt ein – und der Mensch führt aus.

Moses kam aus Ägypten. Die gesamte ägyptische Weisheit wurde in Tempelstätten gehütet. Auch Moses wurde im Tempel erzogen und *gelehrt in aller Weisheit der Ägypter* (Apostelgesch. 7, 22). Obwohl die priesterliche Elite Ägyptens keine Plastikmaterialien, keinen Explosionsmotor und keine Geschirrspülmittel benutzte – Dinge, die Erde, Luft und Wasser vergiften –, verfügte sie über eine Wissenschaft, von deren hohem Rang ihre Denkmäler zeugen: eine Wissenschaft der Alchimie (sie hat den Namen ihrer Heimat bewahrt) und eine Wissenschaft vom Menschen, deren Aspekte uns größtenteils noch unbekannt sind. Dieses Wissen hat Moses – von der Gottheit inspiriert – auf dem Sinai zu Formeln verdichtet und dem Stein (nicht dem vergänglichen Papyrus) eingeschrieben. Dadurch geschieht der Göttlichkeit des Gesetzes kein Abbruch; jedes wahre Gesetz ist »von Gott«.

Bloßes Wissen, welcher Art es auch sei, bleibt tot. Soll es für den Menschen ersprießlich sein, so muß man es in Taten verwandeln. Wo ein Werk geschaffen werden soll, bedarf es der Arbeiter. Israel vergaß dieses einfache Prinzip, deshalb gelang es ihm niemals, das Werk, dessen Grundlagen in den Gesetzestafeln vorgegeben waren, selber auszuführen. Salomon, der König von Jerusalem, mußte *Hiram*, den König von Tyrus, beim Bau seines Tempels um Hilfe bitten. Die Söhne des heiligen Benedikt haben sich dessen wohl erinnert.

Gewiß, es bedarf der Arbeiter, aber es bedarf auch des Maßes. Höher oder niedriger aufgetürmt, wäre die Cheopspyramide weiter nichts als ein schöner Steinhaufen. Eine Stimmgabel, die zu groß oder zu klein geraten ist, gibt kein *a* mehr. Wichtig ist, das gültige Maß zu haben, den gemeinsamen Nenner von Mensch und Welt. Es scheint, daß ein solches Maß – zusammen mit den Gesetzestafeln – in die Lade gelegt worden ist: in Gestalt des grünenden Aaronstabes. Er ist seit den Zeiten Salomons verschollen. Zweifellos ist auch vom Manna, das Moses in einem Gefäß in die Bundeslade einlegen ließ, eine bestimmte Gewichtseinheit aufbewahrt worden: *Und Moses sprach zu Aaron: Nimm ein Krüglein und tu ein Gomer voll Man darein und laß es vor dem Herrn, daß es behalten werde auf eure Nachkommen . . . ein Gomer aber ist der zehnte Teil eines Epha* (Exodus 16, 33 f.).

Es bleibt die Frage: Befand sich die Bundeslade zur Zeit der Kreuzzüge noch in den Ruinen des Salomonischen Tempels?

8

DIE VERBORGENE BUNDESLADE

Daß die Bundeslade noch in den Ruinen des Salomonischen Tempels vergraben war, kann aus der Geschichte der Lade entnommen werden. Diese Geschichte findet sich in den historischen Partien des Alten Testamentes von Moses bis Salomon; danach verliert sich ihre Spur aus den heiligen Schriften mit Ausnahme der Apokryphen. Unter der Führung von Moses folgte die Bundeslade – streng bewacht – dem Zug des Volkes (oder wurde ihm vorangetragen) aus der Wüste Sinai nach Horma, ins Land Moabs, ins Land Galaad. Nach dem Tod des Moses wurde sie unter der Führung Josuas über den Jordan nach Palästina gebracht, wo sie von Kampfplatz zu Kampfplatz mitgeführt wurde. Es scheint, daß sie längere Zeit in Silo blieb. Zu Samuels Zeiten schlugen die Philister das Volk Israel, raubten die Lade Gottes und brachten sie in den Dagonstempel nach Asdod. Dort richtete sie großes Unheil an und schlug die Einwohner der Stadt *mit bösen Beulen*. Von Asdod wurde sie, noch immer im Besitz der Philister, nach Gath, dann nach Ekron transportiert, und jedesmal wirkte sie verheerend unter der Einwohnerschaft dieser Städte. Die Bundeslade verteidigte – mit einem magischen Zauber ausgerüstet, von dem wir heute nicht mehr viel verstehen – sich selbst. Schließlich gaben die entsetzten Philister die Lade den Israeliten zurück, die sie nach Kirjath-Jearim brachten, von wo

David sie nach Jerusalem in seinen Palast auf den Zionsberg überführen ließ. Später stellte sie Salomon ins Allerheiligste des Tempels, den er erbauen ließ.

In den auf das Buch Josua folgenden Schriften ist die Lade kaum erwähnt; sie gilt allenfalls als Kultgegenstand oder als eine Art Glücksbringer, dessen wahren Wert die Schreiber nicht mehr kennen wollen. Allein David ermißt ihren hohen Sinn. Anbetend tanzt er vor der heiligen Lade seines Gottes einher – und erntet den Spott der hochmütigen Michal. Es scheint, daß David, der Musiker, der im Riesen Goliath die Macht der Materie überwinden konnte, Kabbalist gewesen ist und versucht hat, sich der Weisheit der steinernen Tafeln zu nähern. Jedenfalls war er der Geomantie kundig genug, um den Ort zu bestimmen, an dem der künftige Tempel errichtet werden sollte. Obwohl er die Baumaterialien sammeln ließ, hatte er als Krieger nicht genug Zeit, sich der Ausführung des Werkes zu widmen. Erst Salomon, dem Mann des Friedens, war es bestimmt, den Tempel zu erbauen. Der *weise* Salomon war ein Eingeweihter. Im Buch der Könige heißt es von ihm (1. Könige 5, 9 f.): *Und Gott gab Salomon sehr große Weisheit und Verstand und reichen Geist wie Sand, der am Ufer des Meeres liegt, daß die Weisheit Salomons größer war, denn aller, die gegen Morgen wohnen, und aller Ägypter Weisheit. Und er war weiser denn alle Menschen . . .*

Ein Eingeweihter ließ den Tempel erbauen. Aber er hatte in seinem eigenen Volk keine Bauleute, vor allem keine Eingeweihten zur Verfügung, die einen heiligen Bau hätten aufführen können. Deshalb mußte er sich an Hiram, den König von Tyrus wenden: *Siehe, so habe ich gedacht, ein Haus zu bauen dem Namen des Herrn, meines Gottes,* ließ er ihm sagen *(nomini Dei da gloriam,* hat man später gesagt). Salomon war es, der den Tempel entwarf, was neben anderem ein Wissen um die kosmischen Proportionen und das Eichmaß voraussetzte. Aber Salomon war ein Weiser – gelehrt in der geheimen Wissenschaft –: ein Kabbalist. Er verstand die Heiligen Schriften zu lesen und zu deuten. Er besaß die Tafel des Gesetzes, den Schlüssel zu ihrer Entzifferung und das Maß des Aaronsstabes. So ausgerüstet, entwarf er den Bauplan des Tempels.

Es scheint, daß Salomon wie Moses einen Kommentar zu den Gesetzestafeln verfaßt hat, eine verschlüsselte Schrift, die zugleich das Testament eines Eingeweihten ist: das *Hohe Lied*. Er griff damit ein altes ägyptisches Thema auf, das sich für eine Schrift von so hohem Range anbot. Dieses scheinbar so weltliche Lied der Liebe wurde nicht ohne Grund unter die kanonischen Bücher eingereiht! Hätte der heilige Bernhard dieser Schrift hundertundzwanzig Predigten ohne besondere Veranlassung gewidmet? Wahrlich, ein schöner Stoff für die geistliche Lektüre weißer Mönche, ein Buch, das mit erotischen Bildern gewürzt ist! Aber schon der erste Vers bezeugt den hermetischen Inhalt: *Ich bin schwarz, aber gar lieblich, ihr Töchter Jerusalems!*

Alchimie und sakrale Baukunst sind voneinander untrennbar. Man fragt sich, ob Moses das Volk Israel auf die Aufgabe beschränken wollte, die Bundeslade zu hüten, hat er doch in seinen Lehren die handwerkliche Arbeit – den Ackerbau ausgenommen – ganz außer acht gelassen. Erst mit der Hilfe des Hiram-Abi, des Phöniziers, der das *alte Maß* noch zu gebrauchen wußte, wurde der Tempel erbaut.

Die Eingeweihtentradition der *Magie der Hand* wurde den phönizischen Baumeistern zweifellos durch die Tempelbaumeister Ägyptens vermittelt. Wahrscheinlich gaben die Phönizier diese Tradition an die Griechen weiter. Über die Griechen kam sie in das mittelalterliche Abendland. Gerne beruft sich die Zunft der Kirchen- und Brückenbauer auf die alte Tradition der *Söhne Abirams*, denen wir noch einmal begegnen werden.

Als der Tempelbau vollendet war, ließ Salomon die Bundeslade ins Allerheiligste überführen. Die letzte Erwähnung der Lade in den kanonischen Schriften findet sich im Buch der Könige (1. Könige 8), wo es heißt: *Da sprach Salomon: Der Herr hat geredet, er wolle im Dunkel wohnen. So habe ich nun ein Haus gebaut, dir zur Wohnung, einen Sitz, daß du ewiglich da wohnest.*

Spätere Erwähnungen sind legendär. Eine dieser Legenden

behauptet: Der Sohn Salomons und der Königin von Saba habe seinen Vater besucht. Dieser habe ihm das Geheimnis der Lade anvertraut und diese ihm mit einem Geleit von zwanzig Leviten mitgegeben. Die Bundeslade sei auf diese Weise nach Äthiopien gekommen, wo sie sich seither befinde. Nach einer anderen Version soll dieser Sohn die Lade sogar geraubt haben. Jedenfalls behauptet die christliche Geistlichkeit Abessiniens noch heute, im Besitz der Lade zu sein. Gemäß den Vorschriften Salomons für den Hohenpriester dürfe sie nur der Patriarch einmal im Jahre beschauen.

Wie aber hätte Salomon die Lade der Gnadengegenwart Gottes denn weggeben können, ohne daß das Volk sich darüber empört hätte? War sie doch der Beweis, Gott habe sein Volk erwählt und ihm das Königtum über alle Völker verheißen. Kann der Sohn Salomons die im Allerheiligsten wohlgehütete Lade geraubt haben, wenn das Betreten des Tempels Fremden bei Todesstrafe verboten war? Möglicherweise hat Salomon – von den Tafeln sowohl als von der Lade – Nachbildungen anfertigen lassen, um sie – nach entsprechender Unterweisung – seinem Sohne mitzugeben.

Bei der Einnahme Jerusalems durch Nebukadnezar wird die Lade unter den Beutestücken mit keinem Wort erwähnt. Im Jahre 587 v. Chr. ließ der babylonische König den Tempel in Brand setzen. Wegener behauptet, die Lade sei mitverbrannt. Aber zweifellos ist die Lade vorher vergraben worden[1]. Hatte nicht Salomon selbst gesagt, die Lade werde *im Dunkeln* bleiben? Damit konnte nicht nur das Allerheiligste gemeint sein.

Noch ein anderer Hinweis macht wahrscheinlich, daß die Lade vergraben worden ist. Als der Tempel längst in Trümmer gesunken war, pflegten die Rabbiner die Opferspeisen in einem Schrank zu verschließen, in dem man auch die Thorarollen aufbewahrte. Die Speisen lockten Mäuse herbei, und die Synagoge erließ mehrere Verordnungen, um diesem Mißstand ein Ende zu setzen.

---

[1] Vgl. 2. Makk. 2.

Was geschah aber nun mit den Speisen, die mit den heiligen Büchern in Berührung gekommen waren? Man konnte sie nicht gut auf den Kehrichthaufen werfen. Sie mußten in eine *genizah* (auf einen Friedhof für heilige Dinge) gebracht werden. Bei dieser Gelegenheit erinnerte man sich einer alten Überlieferung: Auch *als die Bundeslade vergraben worden war,* hatte man das Mannagefäß in die *genizah* gebracht, denn es war mit den Gesetzestafeln in Berührung gekommen[1].

Die Lade wurde *vergraben.* Wenn dies auch nicht durch Salomon geschah, so ist doch unbestreitbar, daß im belagerten Jerusalem die Lade der erste Gegenstand war, der vor den möglichen Siegern in Sicherheit gebracht werden mußte. Wenn Nebukadnezar die Bundeslade nicht gefunden hat, so hat er ihr eben nicht genug nachgeforscht, wenn er es überhaupt getan hat.

Im *Damaskusdokument,* einer karaitischen Schrift aus dem ersten christlichen Jahrhundert, wird die Bundeslade wieder erwähnt (die Karaiten scheinen den Essenern eng verbunden gewesen zu sein): *David hatte nicht im versiegelten Buch des Gesetzes gelesen, das in der Lade war. Und sie wurde nicht geöffnet in Israel seit dem Tod Eliesers, Josuas und des Heilandes. Und weil die Hohenpriester, die der Ischtar opferten, unrein geworden waren, wurde sie verborgen, bis Zadok aufstände*[1]. Flavius Josephus behauptet dagegen in seinen *Jüdischen Altertümern,* die Lade sei in Ascalon gewesen. Ich halte für wahrscheinlicher, daß Salomon die Gesetzestafeln, nachdem er sich ihrer im rechten Augenblick bedient hatte, wieder verbarg. Auch Dornröschen kann erst, wenn die Zeit erfüllt und der rechte Königssohn gekommen ist, erwachen. Davon spricht das *Hohe Lied*: *Ich beschwöre euch, ihr Töchter Jerusalems, . . . daß ihr meine Freundin nicht aufweckt, noch regt, bis es ihr selbst gefällt* (III, 5).

Man kann auch nicht von vornherein ausschließen, daß die Bundeslade von den Arabern, als sie Jerusalem einnahmen, entdeckt worden ist. Wäre das in den muselmanischen Schriften er-

---

[1] Del Medico: Les Manuscrits de la mer Morte, nach Yom, 52 b.

wähnt, dann wahrscheinlich in allegorischer Form. Das könnte die Erklärung liefern für die Verehrung, welche die muselmanischen Legenden für Suleiman ben Davud (Salomon, den Sohn Davids) bezeugen. Auch die Errichtung der Moschee *El Aksa* an der ehemaligen Tempelstätte ließe sich von daher begreifen. Ebenso könnte es die Erbitterung erklären, mit welcher Juden und Mohammedaner bei der Einnahme der Stadt durch die Kreuzfahrer den *Masjid-el-Aksa* verteidigten. Es würde überdies die Erklärung für die islamische Kultur liefern. Suchte man während dieser verzweifelten Verteidigung die nötige Zeit zu gewinnen, um die Tarnung der Lade zu vollenden?

Lange vor den Kreuzzügen ging im Abendland die Sage von einem geheimnisumwobenen, gleichsam unsterblichen Priester Johannes, der im Osten ein christliches Königreich gegründet haben sollte und sein langes Leben dem Besitz der Bundeslade verdankte. Das ganze Mittelalter hindurch zogen Menschen aus, um dieses seltsame Königreich zu finden, dessen genaue geographische Lage niemand kannte; einmal glaubte man es in Persien, ein andermal in Indien, dann gar in China. Selbst Ludwig der Heilige sandte Botschafter aus, die jedoch niemals wiederkehrten. Was dem Königreich des Priesters Johannes in den Augen der Abendländer solchen Reiz verlieh, war offensichtlich die Lade als Quelle der Allmacht. Während die Gelehrten in den Klöstern sich manches Lichtvolle über die Bundeslade und ihren Inhalt einfallen ließen, betrachteten die Laien – von den Königen bis hinab zum Volke – die Lade als einen ungewöhnlichen Talisman, der Reichtum und Macht verleihen konnte, der Worte nicht eingedenk: *Denn das Gesetz hat den Schatten von zukünftigen Gütern, nicht das Wesen der Güter selbst* (Hebräer 10, 1). Gelehrte und gemeines Volk waren so überzeugt von dem Wert der Lade, daß man sich fragen kann, ob die Kreuzzüge nicht eigens veranstaltet wurden, um sie zu erobern.

9

DIE RÜCKKEHR NACH FRANKREICH

Haben die Tempelherren die Bundeslade gefunden? Man wird begreifen, daß auf diese Frage keine sichere Antwort gegeben werden kann, daß es keine eindeutigen Beweise gibt. Die Sendung war geheim – und geheim geblieben ist ihr Ergebnis, der Erfolg oder Mißerfolg. Dennoch gibt es Vermutungen in solcher Menge, daß sich berechtigterweise eine Überzeugung einstellen kann.

Gedenken wir dabei zuerst der mündlichen Überlieferung, nach welcher die Tempelritter im Besitz der Gesetzestafeln gewesen sind, denen sie ihre Macht und den Grad ihrer Einweihung verdankten! Dieser Legende kann man die Dichtung des Wolfram von Eschenbach an die Seite stellen, der den Stoff des heute verschollenen Heldengedichtes, dessen Verfasser Gyot war, neugestaltet hat (wahrscheinlich handelte es sich um Guyot de Provins). Wolfram von Eschenbach – von dem man behauptet hat, er sei Templer gewesen, was aber unbewiesen ist – stellt den Gral als einen *Stein* dar und macht aus dem, der den Gral gewonnen hat, eine Art Großmeister des Templerordens. Dieser dichtende Ritter scheint ebenso erhaben über jede Leichtfertigkeit, als er von der Absicht frei war, einen Bestseller schreiben zu wollen.

Beweiskräftiger ist schon die Rückkehr der neun Ritter im Jahre 1128. Von der Geschichtsschreibung wird sie folgendermaßen dargestellt: Im Jahre 1128 sandte König Baudouin II., der sich in einer schwierigen Lage befand, weil es dem Heiligen Land an fränkischen Einwohnern und an Kriegsleuten fehlte, eine Botschaft an den Papst, in der er ihn um Hilfe ersuchte. Er bat Hugo von Payns, die Gesandtschaft an den Papst zu übernehmen und ihm das Schreiben zu überbringen. Hugo von Payns muß eine bemerkenswerte Erscheinung und von hohem Adel gewesen sein, wenn er einer solchen Rolle für würdig befunden wurde, die außer der Übergabe der Botschaft verlangte, daß man ihren Inhalt beredt und mit Überzeugungskraft zu vertreten wußte, wofür ihn Baudouin für fähig hielt. Er gehörte jedoch weder zu den Ratgebern des Königs, die man gewöhnlich mit solchen Aufgaben betraute, noch war er dessen Lehnsmann. Wir werden noch sehen, daß Hugo won Payns tatsächlich nicht vom König gesandt wurde, sondern daß dieser nur die Gelegenheit seiner Reise wahrnahm, ihm die Botschaft anzuvertrauen.

Hugo von Payns brach mit etlichen, wenn nicht allen Gefährten auf. Nach sicherer Quelle haben ihn mindestens die fünf begleitet, deren Anwesenheit auf dem Konzil von Troyes bezeugt ist: Payen von Montdidier, Archambaud von Saint-Amand, Geoffroy Bisol, Rosal und Godefroy. Wie man die Bewachung der Pilgerstraßen auf einmal vernachlässigte!

Natürlich schickte man nicht alle – oder fast alle – Ritter auf die Reise, damit sie eine einfache Botschaft überbrächten! Von anderer Seite war eine Anweisung gekommen. In der Einleitung zu der Regel, die er dem Templerorden geben sollte, bestätigt der heilige Bernhard ausdrücklich, daß er selbst die Ritter zurückgerufen habe und daß ihre Mission erfüllt sei. Diese Einleitung beginnt mit folgenden Worten: *Mit Gottes[1] und mit unseres Heilandes Jesu Christi und mit unserer Hilfe ist das Werk vollendet worden, der seine Freunde aus der heiligen Stadt Jerusalem in die Grenzen Frankreichs und Burgunds zurückgerufen hat.* Ein *Werk* ist *vollendet* worden mit *unserer* (d. h. mit Bernhards) Hilfe. Die Ritter sind von ihm nach Frankreich und nach Burgund *zurück-*

---

[1] *Damedieu* kann entweder *Dominus Deus* oder *Notre-Dame* bedeuten.

gerufen worden. Nach Burgund heißt auch: in die Champagne (in den Schutz des Grafen von Champagne), dorthin, wo genug Vorsichtsmaßregeln gegen eine Einmischung weltlicher oder kirchlicher Machthaber getroffen werden konnten, wo man damals am besten ein Geheimnis bewahren und ein Versteck hüten konnte. Haben sich die Ritter deshalb so zahlreich auf die Fahrt begeben, weil sie etwas Kostbares mit sich führten, das der Bewachung durch ein starkes Geleit bedurfte?

Am Nordportal von Chartres, dem sogenannten *Eingeweihtenportal*, gibt es zwei kleine Säulen, die reliefartig vorstehen. Die eine trägt – in Stein gehauen – die Szene, wie ein Paar Ochsen die Bundeslade zieht; darunter befindet sich die Inschrift: *Archa cederis*. Auf der anderen Säule erscheint die Lade wieder; sie wird hier von einem Mann mit einem Tuch umhüllt oder wird von ihm – durch das Tuch geschützt – ergriffen; daneben befindet sich ein Haufen Gefallener, unter ihnen ein Ritter im Panzerhemd. Die Inschrift der Säule lautet: *Hic amititur Archa cederis (amititur* steht wahrscheinlich für *amittitur).* Der feinsinnige Latinist Eugène Canseliet schreibt mir dazu: *Die Inschriften erweisen sich als nicht sehr sprechend: Archa cederis: Durch die Bundeslade wirst du wirken; hic ammittitur, archa cederis: Hier läßt man gehen, durch die Bundeslade wirst du wirken.* Mir sagen die Inschriften, zumindest die erste, durchaus etwas. Vielleicht haben wir hier den Hintergrund für die Ordnungen der Kathedrale von Chartres, deren architektonische Darstellung – wissenschaftsgeschichtlich gesehen – jener damaligen Epoche – ja sogar unserer eigenen – gar nicht zuzutrauen wäre. Vielleicht kann nur dann Licht in die Zusammenhänge gebracht werden, wenn man den Gebrauch eines Dokumentes von der Art, wie es die Gesetzestafeln sind, nicht ausschließt. Ich werde auf diesen Punkt noch zurückkommen.

Die dargestellten Szenen sind offensichtlich biblisch. Man erkennt den Transport der Bundeslade und ihren Verlust in der Schlacht gegen die Philister wieder. Ich möchte aber auf eine Eigentümlichkeit aufmerksam machen, ohne – vorschnell und vielleicht gewagt – eine Beziehung dieser Szenen zu einem möglichen Transport der Lade durch die Templer herzustellen. Die dargestellte Lade selbst – ein mit Rädern versehener, eisenbeschlagener Kasten – wird von Ochsen gezogen, anders als in der Schrift, wo es heißt: *Und sie ließen die Lade Gottes führen auf einem neuen Wagen* (2. Samuel 6, 3). Es kann sich nicht um eine Stilisierung von Lade und Wagen handeln, denn auch in der Schlachtszene ergreift der Mann eine mit Rädern versehene Lade.

In der christlichen Version der heiligen Schriften (der Vulgata) ist nicht davon die Rede, daß die Bundeslade Räder gehabt habe. Das Rad war zu Moses Zeiten noch etwas ziemlich Neues; als die Pyramiden von Gizeh erbaut wurden, gab es noch kein Rad. Man kann jedenfalls nur darüber staunen, daß der Bildhauer, der nach den Anweisungen des Baumeisters zu arbeiten hatte, bei der Darstellung der Bundeslade an deren Corpus Räder angebracht hat. Die Kathedralenbaumeister hätten wissen müssen, welchen Wert die Schrift darauf legte, daß die Lade, wenn sie von Menschenhand bewegt wurde, nur an den durch Ringe gesteckten Stangen getragen wurde, die nicht herausgezogen werden durften; von Radachsen ist da keine Rede. Die Säule stellt aber einen Mann dar, der, nur durch ein Tuch geschützt, die Lade mit bloßen Händen aufnimmt. Hat der Baumeister von Chartres etwa besondere Kenntnisse über das Aussehen der Lade besessen?

Es gibt keine besseren Beweise für eine Überführung der Lade nach Frankreich – der Bundeslade selbst oder einer Nachbildung – als diejenigen, die man nicht wahrnimmt, weil sie zu sehr ins Auge springen: die gotischen Kathedralen. Im Jahre 1128 kehrte Hugo von Payns nach Frankreich zurück. Von diesem Zeitpunkt an und etwa hundertundfünfzig Jahre lang offenbarte sich, was man das Wunder der Gotik nennen kann. Mehr noch: Die Blütezeit der Gotik fällt mit der des Templerordens zusammen. Beide gehen zugleich unter. Was von der Gotik erhalten bleibt, ist nurmehr ihre Technik; Viollet-le-Duc verstand sich auf sie noch gut genug, um zuweilen täuschend »echt« zu bauen. Die Flammengotik (style flamboyant) des 14. Jahrhunderts ist schon etwas anderes: eine Spitzbogenkonstruktion, die alle erforderlichen Eigenschaften besitzt, die wichtigste ausgenommen. Das wird noch zu erläutern sein.

Eine andere Überschneidung: Die neun Ritter waren ausgesandt vom Zisterzienser Bernhard; die Gotik aber ging von Cîteaux aus. Die Formel der Gotik stammt von den Zisterziensern. Auch die *Compagnons des Devoirs,* die geistigen Erben der Kathedralenbaumeister, machen kein Geheimnis daraus, daß sie die für die Errichtung gotischer Bauwerke unerläßlichen Konstruktionsmethoden dem Orden von Cîteaux verdanken.

Ein anderes Argument: Während die Romanik, vom römischen und byzantinischen Stil ausgehend, vielfacher Verbesserungen bedarf, um die ihr eigentümliche reife Gestalt zu erreichen, erscheint die Gotik auf einen Schlag fertig und vollkommen, und dies im ganzen Abendland. *Man kann kaum glauben,* schreibt Régine Pernoud, *daß es nur der Reiz einer neuen dekorativen Formel war, der eine so kraftvolle und zugleich rasche Ausbreitung bewirkt hat.* In der Tat! Die Gotik war mehr als eine *dekorative Formel,* sie war ein Instrument zur Bildung des Menschen. Dornröschen war erweckt worden – und mit ihm alle seine Diener. Geistig, wirtschaftlich und künstlerisch arbeiten sie auf neuen Grundlagen, mit neuen Verfahren.

Die Gotik bringt mehr als neue technische Lösungen architektonischer Probleme. Sie ist Tempelbaukunst; Tempel aber sind die Vorhöfe zum Reiche Gottes. Eine höhere Wissenschaft wird aufgeboten, die mehr vermag, als Kraft und Widerstand zu berechnen. Sie fordert die Kenntnis der Zahlengesetze, der Gesetze des Stoffes und des Geistes, und – damit sie auf den Menschen angewendet werden kann – der Gesetze des psychophysischen Zusammenhangs. Wer war es, der das verborgene Wissen wiederentdeckt hat?

Was durch die Templer ins Abendland gebracht wurde, muß gar nicht einmal die Bundeslade, müssen nicht die Gesetzestafeln gewesen sein: aber ein Dokument besonderer Art war es gewiß.

10

DAS GEHEIMNIS DER TÜRME

Der Dolmen von Chartres, zu dem der gedeckte Gang hin-
führte, stand in der Erde. Fast alle Dolmen waren mit Erde
behäuft. Die, welche sich freistehend finden, verdanken dies den
Regengüssen, die mit der Zeit die aufgeschüttete Erde wegge-
waschen haben. Wahrscheinlich bergen viele *Tumuli*, viele Erdhügel im Innern noch Megalithe.

Die römischen Legionäre errichteten auf dem Chartreser Hügel
ein befestigtes Lager, wovon sich im Ostteil der Kathedrale, unter
der Apsis des Chors, eine Grundmauer erhalten hat. Diese Mauer
ließ den eigentlichen Hügelbezirk unberührt. Vielleicht gründete
sie sich ihrerseits auf eine ältere Umfriedungsmauer, eine Zyklo-
penmauer, wie man sie noch stellenweise auf dem Odilienberg im
Elsaß – einer anderen heiligen Stätte – sehen kann.

Wir müssen nun die Historiker zu Rate ziehen, die den Spuren
älterer Bauten auf dem Chartreser Hügel nachgeforscht haben.
Sie alle nehmen an, daß ehemals ein galloromanischer Tempel
an dieser Stelle gestanden habe. Er sei von einem frühchristlichen
Bauwerk abgelöst worden, das bereits dieselbe Richtung wie die
heutige Kathedrale gehabt und dessen Apsis, wie in Bourges, auf
den Resten eines galloromanischen Verteidigungsturmes gefußt
habe. Dieser tieferliegende Teil – eine Krypta – existiert noch,
unter dem Namen *Gewölbe Sankt-Lubins*. Dieses Gewölbe ge-

hörte einer Kirche des 9. Jahrhunderts zu, der *Kirche Giselberts*. Man weiß, daß auch dieser Bau dieselbe Richtung gehabt und sich noch außerhalb des heiligen Hügelbezirks befunden hat, denn einige dicke Mauern sind als Grundmauern erhalten geblieben. In der Nacht vom 7. zum 8. September 1020 brannte die Kirche vom Dachstuhl bis auf die Grundmauern nieder.

Das Jahr 1020 fiel in die Blütezeit der romanischen Baukunst, in der sich das Abendland mit einem kostbaren Geschmeide von Kirchen schmückte. Es ist die Zeit, in der es den Benediktiner- abteien nach fünfhundert Jahren endlich gelang, eine Art eigene Baumeisterinnung zu begründen, eine Laienbruderschaft von Baumeistern, die dem Orden angeschlossen waren und sich, wenn ihnen Schutz not war, darauf berufen konnten. Die Benediktiner bildeten in den neuerbauten Abteien neben ihren eigenen Werk- leuten auch Bauleute des Laienstandes aus, die sie hernach der Weltkirche zur Verfügung stellen konnten und die sogar oft von Baumeistern, die dem Orden angehörten, ihre Weisungen empfin- gen, wie etwa von jenem Abt von Saint-Bénigne-de-Dijon, Wil- helm von Volpiano, der in der Normandie baute und lehrte.

Als die Kirche ein Raub der Flammen geworden war, berief Fulbertus, der Bischof von Chartres, einen südfranzösischen Laienbaumeister, der als *artifex bonus* geschätzt wurde, und begann sofort mit dem Wiederaufbau. Fulbertus – oder Berenger (wir wissen von beiden sehr wenig) – ließ den bedeckten Dolmen- gang wieder ausbauen (wenn dieser tatsächlich existiert hat), und zwar in Gestalt zweier bedeckter, halb in den Boden vertiefter Gänge, die zu der Dolmenkammer der Schwarzen Jungfrau, der *Virgo paritura,* der Unterirdischen Madonna, hinführten. Wie sein Vorgänger schonte auch Fulbertus den heiligen Hügel: die beiden Gänge schlossen ihn ein, ohne ihn zu verletzen. Sie ver- einigten sich in einem halbkreisförmigen Bogen, der das Gewölbe Sankt-Lubins umlief; der rechteckige Dolmenbrunnen befand sich im Nordgang. Beide Gänge ziehen sich noch heute unter dem nördlichen und südlichen Seitenschiff der Kathedrale hin; der sie verbindende Bogen befindet sich unter dem Chor. Zu Unrecht nennt man diesen Teil der Kirche *Krypta,* er wäre eher als *Unterkirche* zu bezeichnen. Übrigens sollen die Bauhütten – zumindest die *Kinder Salomons* – ihre Einweihungsversammlungen in der Unterkirche abgehalten haben. Die Oberkirche Fulberts folgte dem Grundriß der Unterkirche, die sich unter den Seitenschiffen entwickelte. Das Hauptschiff, das so breit war wie das heutige, erhob sich über dem heiligen Hügel. Es besaß auf der Höhe des zweiten Chorjoches – zwischen dem Fenster der Notre-Dame-de-la-Belle-Verrière und der Kapelle der Madonna vom Pfeiler – eine Art Querschiff, das mystische und »anatomische« Zentrum der Kathedrale. Die Kirche Fulberts war romanisch. Sie hatte eine einfache Holzdecke. Strebewerk gab es nicht. Ihre Fassade war flach. Sie hatte einen nördlichen und einen südlichen Glockenturm[1].

Im September 1134 verheerte ein Brand die Stadt Chartres; das Feuer zerstörte das Spital, das neben der Kirche eingerichtet war, und griff auch auf diese über, so daß sie durch die Feuersbrunst ihre westliche Vorhalle und einen an sie anstoßenden Turm einbüßte. Nach diesem Brand begann man mit dem Bau der heutigen Türme, allerdings nicht bei der Kirche selbst, sondern ein gutes Stück *vor* ihr. Die Historiker sagen, dies sei in der Absicht geschehen, die Kirche Fulberts zu verlängern. Nach der Überlieferung ist dies aber nicht ganz so gewiß. Wenn Geschichtswissenschaft und Überlieferung miteinander in Widerspruch sind, kann man sicher sein, daß sich die Historiker – die nachträglichen Verfertiger der »Geschichte« – im Irrtum befinden. Die Überlieferung jedenfalls spricht durch die Feder von Devoucoux, der im vorigen Jahrhundert Bischof von Autun war.

Ein Tempel, ob es sich nun um einen christlichen oder um den einer anderen Religion handelt, wurde niemals wie ein Schuppen hingestellt. Außer der *Stätte,* die durch ihre heiligen Eigenschaften

---

[1] René Merlet, der Entdecker des keltischen Brunnens, hat uns auch – aufgrund eines ikonographischen Dokumentes – eine Vorstellung vom Bau des Fulbertus, über den mancherlei Wunderbares verlautete, vermittelt.

bezeichnet war, bedurfte es – durch einen inspirierten Menschen ausgesprochen – einer ersten Formel in heiliger Sprache, deren Buchstaben, kabbalistisch entziffert, Zahlen ergaben. Durch diese Zahlen und ihre Verhältnisse wurde der Umfang der heiligen Stätte nach Länge und Breite bestimmt. Aus den Beziehungen, die zu einer bestimmten Zeit zwischen der Gestirnkonstellation und diesem Ort bestanden, leitete ein Berufener, der das besondere Wissen besaß, den *Modul* her, mit welchem gemessen werden sollte. Sodann wurden dieser Modul, die Himmelsrichtung und die Zahlen dem Baumeister angegeben, jedoch nie – wie vermutet werden muß – die heilige Formel selbst. Der Werkmeister wählte nun in Übereinstimmung mit den besonderen Gegebenheiten das Baugestein aus (es gibt englische Kirchen, die aus dem Stein von Caen in der Normandie erbaut sind) und bestimmte – dem Stil der Epoche, den Menschen seiner Zeit, dem Standort des Gotteshauses und dem seinem Material eingeschriebenen Rhythmus gemäß – die harmonischen Unterteilungen des künftigen Bauwerks.

Nachdem er diese entwurfsweise skizziert hatte, zeichnete er, Grundmaß und Meßschnur gebrauchend, die ihm zugleich als Richtschnur, Winkelmaß und Zirkel für Messungen größerer Entfernungen dienten, den Grundriß *auf den Erdboden* auf, und zwar innerhalb des Bezirks, der durch die heilige Formel bezeichnet war. Ausgeführte Baupläne gab es nicht, lediglich Skizzen. Ein Bauplan ist ja das Ergebnis eines intellektuellen Prozesses, der den Architekten vom Baugrund abschnürt. Der Baumeister jener Zeit diente der Beschaffenheit des gewählten Ortes, und sein Werk ging ihm aus dem ständigen Gespräch mit den Gegebenheiten schrittweise hervor. Nur wer einer bestimmten Einweihung, die über das Handwerksmäßige hinausging, teilhaftig geworden war, konnte die Meisterschaft erlangen.

Die Formel enthielt in nuce die unverwechselbare Grundgestalt des Bauwerkes und ihre Wirkung auf den Menschen. Deshalb käme eine Veränderung der Proportionen oder Dimensionen eines Tempels seiner Zerstörung gleich; er würde wertlos. Dem Parthenon fügt man keine Säule zu, ohne ihn zu verderben, und wenn man seine Maßverhältnisse verdoppelt, so ist das Resultat kein »doppelter Parthenon«, sondern ein Monstrum wie *La Madeleine* von Paris. Aus alledem kann nur folgen, daß die Türme für eine andere Kirche als die des Fulbertus erbaut worden sind, für eine *neue* Kirche mit *neuer* Formel. Vielleicht war vorgesehen, die Kirche Fulberts im Zusammenhang mit dem neuen Bau weiterhin zu benutzen, vielleicht sollte die neue Kirche in anderem Stil erbaut werden als die heutige Kathedrale, gewiß aber hatte sie schon dieselben Ausmaße und dieselben Proportionen. Vermutlich sind bereits das *Königsportal*, das der Baumeister nicht missen mochte, die *Madonna im schönen Fenster* und die drei großen Westfenster ihr zugedacht gewesen.

Wer nun Cluny als Beispiel dafür heranziehen wollte, daß ein schon bestehender Bau damals in die Länge gezogen wurde, übersähe dabei, daß in Cluny die eigentliche Abteikirche von der Veränderung gar nicht betroffen war, fügte man doch nur eine Vorhalle an, die außerhalb des geweihten Gebäudes lag. Genau dies – meinen die Historiker – habe man nun in Chartres machen wollen: eine Vorhalle, einen Narthex errichten. Aber die geometrischen Verhältnisse des Kathedralengrundrisses, die sich in ihrer Gesamtheit auf das heilige Zentrum im Chor beziehen, zeigen, daß die harmonische Entwicklung erst bei den Türmen endet, daß also *hier* der Eingang war und der Narthex, wenn es einen solchen gegeben hat, bei den Türmen endete.

Wenn man richtig folgert, kommt man zu der Annahme, daß die Grundriß- und Proportionsgestaltung der heutigen Kathedrale dem Bau der Türme bereits zugrunde lag. Erstaunt stellt man fest, daß der Standort der Türme dem auf dem Prinzip der drei Tafeln[1] beruhenden Bauplan der heutigen Kirche genau entspricht, so wie er exakt mit der Proportion der Strebepfeiler, die den *heutigen* gotischen Gewölbebau tragen, übereinstimmt. Auch die Höhe des südlichen Turmes, der vollendet war, lange bevor mit dem Bau des gegenwärtigen Kirchenschiffes begonnen wurde,

[1] Vgl. Kapitel 13.

stimmt harmonisch zu den Proportionen der heutigen Kathedrale. Man kann sich des Eindrucks nicht erwehren, daß der Bau schon wenig nach 1134 vorgesehen war, daß seine *Formel* bereits jener Zeit angehörte – die Fulbertuskirche war damals noch nicht zerstört – und daß die beiden Türme, die außerhalb des Bauwerks errichtet wurden, einem zukünftigen Bau zubestimmt waren, dessen wirksamste Stütze sie werden sollten.

Vierzig Jahre später hatte dann der Baumeister im Stil seiner eigenen Zeit nur noch auszugestalten, was er bereits vorfand. Aber mit welcher Kunst, mit welchem Können erfolgte dies! Als Beispiel sei nur die Rose über den Fenstern der Westwand genannt, nach welcher der Bau förmlich verlangte.

Jedoch im Jahre 1194 brannte, bis auf die Türme, alles nieder.

11

IN SECHSUNDZWANZIG JAHREN

An einem Freitag, es war der 11. Juni 1194, stand die Kirche plötzlich in Flammen: *Die Gewalt des Feuers war so groß, daß Gebälk und Dach vollständig zerstört wurden und fast das ganze Mauerwerk einstürzte ... Als man den Schaden übersehen konnte, den das Unheil angerichtet hatte, zeigte sich, daß lediglich die beiden Krypten, die aus dem 9. und 11. Jahrhundert stammten, unter dem Schutz ihrer starken Gewölbe unversehrt geblieben waren; sonst hatten nur die beiden Glockentürme aus dem 12. Jahrhundert den Flammen widerstanden*[1]. Aber auch die großen Westfenster und die *Madonna im schönen Fenster* waren unbeschädigt, vielleicht weil sie damals herausgenommen waren.

Obwohl es – nach René Merlet – nicht leicht war, die unteren Partien des Chors der Fulbertuskirche als Fundamente für den neuen Chorumgang zu verwenden, wurde mit dem Neubau *sofort* begonnen und die ganze Kathedrale zwischen 1194 und 1220 in *einem* Zug vollendet – die Portale und deren Ausgestaltung nicht mitgerechnet. Sechsundzwanzig Jahre! Man sollte einmal alle Aspekte dieser gewaltigen Aufgabe überdenken, die so glücklich gelöst wurde: den Bauplan, die Baustoffe, die Arbeit, die Arbeitskräfte, die Finanzierung ...

[1] René Merlet: La Cathédrale de Chartres.

Beanspruchte allein schon die Konzeption des Bauwerks, selbst wenn sie die Frucht einer Eingebung war, ihre Zeit, wieviel mehr die gewaltige Aufgabe, das breiteste gotische Gewölbe, das bekannt ist, und zugleich eines der höchsten zu verankern und seinen Seitendruck aufzufangen, stand oder fiel doch mit ihm das gesamte Bauwerk. Außer den beiden Westtürmen, die schon zuvor so genau und schön an der richtigen Stelle emporgewachsen waren, machten die Verstrebungen sechs weitere Türme notwendig: je zwei an jedem Querschiffende und zwei an der Stelle, wo der Chorumgang in die Chorseitenschiffe übergeht – Türme, deren Gewicht abgeschätzt werden mußte, damit sie dem seitlichen Druck standhalten konnten, und deren Profile sich harmonisch ins Ganze fügen mußten. Dann waren die Gewichte, die Profile und die Abstände der Strebebögen und der Strebemauern gegeneinander abzuwägen, sollten sie doch dem Schub des hohen Mittelgewölbes und dem der niedrigeren Seitenschiffgewölbe standhalten. Diese Berechnungen aber mußten sich selbstverständlich in jenem Rahmen bewegen, der durch die in der Formel vorgegebenen Zahlen abgegrenzt worden war. Wieviel Zeit würde heute ein Architekt, ja ein ganzes Architekturbüro brauchen, um einen solchen Plan zu entwerfen! Aber bereits 1194, noch im Jahr des Brandes, wird die Bauhütte aufgeschlagen. Das bedeutet: Der Baumeister ist bereit, er weiß, was er zu tun hat, sein Plan ist – zumindest in seinem Kopf – ausgearbeitet, er weiß, welchem Steinbruch er seine Steine entnehmen wird, sein Werk ist vorbereitet. Das bedeutet aber auch: Mit ungewöhnlicher Eile ist er gewählt, benachrichtigt, ernannt worden. Dennoch hat man meines Wissens in Chartres nicht einen einzigen Fehler korrigieren müssen.

Der Bedarf an Bausteinen war leicht zu decken; die Steinbrüche von Berchère-les-Pierres, die bereits bekannt waren und ausgebeutet wurden, befanden sich in der Nähe. Sie hatten schon den Stein für die Türme geliefert. Das Material wurde mit der freiwilligen Hilfe von Pilgern bis zum Hügel transportiert, und es gab gewiß keinen großen Herrn, der es sich nicht zur Ehre gerechnet hätte, sich vor den Karren schirren zu lassen, wenn auch Ochsen und Pferde wirksameren Dienst zu leisten vermochten, und die Beauce war reich an Zugtieren.

Und wie soll man sich erklären, daß die Arbeitskräfte so leicht gefunden werden konnten, daß sie so schnell zur Stelle waren? Man muß kein Fachmann sein, um feststellen zu können, daß die Kathedrale von Chartres keine Stümperarbeit ist; alle Handwerker, Zimmerleute, Steinmetze und Maurer der Bauhütte waren Meister ihres Faches. Man bedenke nur, daß zwischen 1194 und 1220 in ganz Frankreich Kirchen und Kathedralen errichtet wurden, die auch nicht gestümpert waren. Allein in der nahe gelegenen Normandie hat man im 12. Jahrhundert fünfzehn große Kirchen, darunter acht Abteikirchen, und im 13. Jahrhundert dreizehn große Kirchen, darunter fünf Abteikirchen, gebaut. Zwischen 1150 und 1250 wurden in Frankreich 150 Kirchenbauten begonnen, darunter Kirchen von solchen Ausmaßen wie die von Paris, Reims, Amiens, Sens und Rouen. Wie konnte man in solcher Eile so viele hervorragende Handwerker zusammenbringen?

Und wie steht es mit der Finanzierung? Chartres ist, von den Türmen abgesehen, die einzige Kathedrale Frankreichs, die in durchgehender Arbeit vollendet wurde. Der Bau fast aller französischer Kirchen mußte früher oder später einmal unterbrochen werden, weil es an Geld zur Bezahlung der Werkleute mangelte. Nicht so in Chartres! Diesem Städtchen mit seinen wenigen tausend Einwohnern gelang, was blühende Metropolen wie Paris, Amiens und Rouen nicht vermochten. Konnte die Gemeinde Chartres den Bau überhaupt finanzieren? Maß man diesem Bau eine besondere Bedeutung bei, daß man für ihn solche Mittel bereithielt? Ist Chartres etwa das *Goldene Buch* des Abendlandes, in dem geheime Weisheit offenbare Gestalt angenommen hat?

Wer dieses Buch aus Stein zu buchstabieren versucht, nimmt staunend wahr, wie die Dinge sich zueinander ordnen. Da ist zuerst der Hügel – das Geschenk der Erde. Dann bedurfte es dreier Menschen. Der erste, ein Eingeweihter, verkündete in verschlüsselter Sprache die heilige Formel, den Widerhall des göttlichen Wortes an diesem Punkte der Erde. Der zweite, ein Wissender, löste die Buchstaben und Worte der Formel in Zahlenverhältnisse auf. Er nannte die Zahl dieses Ortes, die Chiffre, die die Beziehung dieses Punktes der Erde zur übrigen Welt bezeichnet, das Maß. Der dritte, ein Baumeister, verwandelte die Zahlen in gerade und gekrümmte Formen, in Figuren und Proportionen, in lastende und stützende Kräfte, in Materielles, in Stein. Durch den Eingeweihten wurde das *Wort*, durch den Wissenden die *Zahl*, durch den Baumeister die den Stoff fügende *Harmonie* gegeben. Uns Unwissenden aber bleibt die Analyse, die Hypothese, das Spiel des Geistes. Uns bleiben die Fragen.

Der Baumeister schweigt. Aber er hat seine Antwort – in Stein geschrieben – hinterlassen. Wer richtig zu fragen weiß, dem *spricht* dieser schweigende Stein, und die Kathedrale antwortet ihm.

12

EIN MASS UND EIN SEIL

Die Kathedrale spricht: Alle Antworten sind mir eingeschrieben, alles ist gesagt. Was dennoch verlorenging, haben barbarische Menschen – unter ihnen Bischöfe und die Laternenanzünder der Vernunft, Despoten und Aufrührer – verdorben. Im Namen der Religion haben sie die Symbole der Religion, im Namen der Freiheit die Pforten der Freiheit, im Namen des Lichtes die Tore des Lichtes zerstört.

Ich suchte zunächst das Zentrum, den Bezugspunkt. Auch der mächtigste Baum entwächst einem unscheinbaren Samen, einem Keim. Dreifach war der Keim markiert, aus dem Chartres hervorwuchs, die Stelle, an welcher der Erdstrom ausmündet, der Kopf der Schlange, auf den die Gottesmutter ihren Fuß setzt. Seit alters war dieses Zentrum bekannt gewesen. Von den drei Markierungen des Baumeisters sind uns noch zwei erhalten; die dritte – der Altarstein des Hauptaltars – ist verschwunden. Noch im 16. Jahrhundert lag er in unmittelbarer Nähe des Zentrums, zwischen dem zweiten und dritten Chorjoch; wenn der Priester damals die Messe sang, stand er – in geringer Entfernung vom Altar – an dieser Stelle. In der romanischen Kirche Fulberts befand sich hier die Vierung. Im 16. Jahrhundert versetzte man den Altar ans hintere Ende des Chors. Dabei rückte das Chorpult, um das sich die Sänger scharten, an die Stelle des Mittelpunktes. Damals erhob sich auf dem Dach über dieser Stelle ein hölzerner

Turm – höher als der Vierungsturm –, der kleine Glocken beherbergte, denen man den Namen *Babillardes* (die Geschwätzigen) gegeben hatte. 1836 fiel dieser Turm einem Brand zum Opfer, der das Dach zerstörte, aber das Gewölbe unbeschädigt ließ. Das Gebälk wurde durch einen metallenen Dachstuhl ersetzt – ein schwerwiegender Eingriff. Seit neuestem wird das Hochamt sogar auf der Vierung zelebriert, wobei sich der Altar noch vor der Stelle befindet, an welcher früher der alte Lettner die mystische Stätte abschloß. Gedankenlosigkeit gab es zu allen Zeiten.

Das Zentrum, über dem der Altar eigentlich zu stehen hätte, befindet sich in der Mitte des zweiten Chorjochs. Dieses Joch ist im Südosten durch die *Madonna im schönen Fenster,* im Nordwesten durch die Kapelle der *Madonna am Pfeiler* eigens bezeichnet. Überdies: Dieses Joch – Zentrum und Ausgangspunkt der Kathedrale – wird zwischen dem inneren und dem äußeren Chorumgang durch runde, schmucklose Pfeiler – je zwei auf jeder Seite – markiert, die die einzigen ihrer Art im Chorumgang und in den Seitenschiffen sind[1]. Man sieht, es fehlte nicht an Hinweisen.

Um das Zentrum ist die Kathedrale konstruiert worden. Wie wurde dabei verfahren? Nach altem Brauch war der erste Akt beim Bau eines Tempels die Errichtung der *Säule* im Zentrum des heiligen Bezirks. Diese Säule, die später wieder verschwand, war das Bindeglied zwischen der Erde und dem kreisenden Himmelsgewölbe. Man darf aber die Tempelsäule nicht mit den Säulen verwechseln, von denen beim Bau des Salomonischen Tempels die Rede ist.

Den Bau eines Tempels umgibt immer ein Geheimnis. Die Höhe der Grundsäule war ausschlaggebend; aus der Länge der sie umwandernden Sonnenschatten ergaben sich Maße, deren Verhältnis ein rational faßbares Abbild der wechselnden Konstellation von Sonne und Erde war und die Rhythmen des

---

[1] Anm. d. Übers.: Es handelt sich hier um die Tatsache, daß zwei runde Pfeiler *unmittelbar nebeneinander* stehen.

Lebens sichtbar machte. Eine besondere Rolle spielten dabei die vier Jahreszeiten. An den Tagen der Winter- und Sommersonnenwende und während beider Äquinoktien beschrieben die wandernden Schattenlängen Grenzlinien, deren Ausdehnung und Zusammenziehung ein Diagramm vom Leben der mit den Jahreszeiten aus- und einatmenden Erde ergab. Überdies diente die Säule als Visierpunkt für die Bewegungen der Planeten und des Tierkreises. Daraus ergaben sich Bestimmungen, die sich auf die Erde und ihr Verhältnis zu den Planeten und zur Fixsternsphäre bezogen.

Moses, der durch die Tafeln des Gesetzes das bestimmte Maß der Tempelsäule vorgegeben hat, ist am Nordportal der Kathedrale von Chartres dargestellt; er trägt eine Säule mit Kapitell, die Tempelsäule. An ihr klettert in Gestalt eines kleinen geflügelten Drachen die Wouivre empor. Die Erbauer der Kathedrale haben auf ihre Quellen verwiesen.

Der Schatten der Tempelsäule gab die innere Umgrenzung des heiligen Ortes an, den Bezirk, innerhalb dessen später der Kultus vollzogen werden sollte. Aus dieser inneren Umgrenzung ergab sich die erste *Tafel,* deren Dimension vom Schatten der Säule bestimmt wurde und deren Proportionen eine geheime Tradition angab.

Im Jahre 1964 entzündeten die *Freunde der Atlantis* (Société d'Études des Sciences traditionelles)[1] auf einem Gut in der Nähe von Paris das Johannifeuer. Eine farbenprächtig geschmückte Delegation der *Compagnons des Devoirs du Tour de France* war gekommen, um dem Ritual gemäß die Flamme zu tragen. Bevor man die Gesänge anstimmte und zur rituellen Freundschaftsrunde die Hände um das Feuer zusammenschloß, hielt einer von ihnen eine Ansprache, Raoul Vergez, ein Zimmermeister seines Zeichens, genannt Béarnais-l'Ami-du-Tour-de-France, der auch zwei bemerkenswerte Bücher über seine Bruderschaft verfaßt hat[2].

---

[1] Gesellschaft zum Studium der überlieferten Wissenschaften.
[2] *Les Tours inachevées* und *La Pendule à Salomon.* Ed. Julliard.

Er war es auch, der die meisten der im Zweiten Weltkrieg in der Normandie und in der Bretagne beschädigten Kirchtürme wieder instand gesetzt hat. In seiner Rede zitierte er auch das traditionelle Geheimnis: *Drei Tafeln haben den Gral getragen: eine runde Tafel, eine quadratische Tafel und eine rechteckige Tafel. Alle drei haben denselben Flächeninhalt; ihre Zahl ist 21 ...* Die rechteckige Tafel ist der Abendmahlstisch, die mystische Tafel des Christentums, berufen, den Altar zu tragen. Deshalb hat der Chor einer christlichen Kirche einen rechteckigen Grundriß. Auch die Grundrisse ägyptischer und griechischer Tempel basieren auf dem Prinzip der rechteckigen Tafel. Galloromanischen Tempeln, der Hagia Sophia von Konstantinopel oder dem Allerheiligsten des Salomonischen Tempels lag die quadratische Tafel zugrunde. Die Rundkirchen der Tempelritter wurden über der runden Tafel errichtet.

Der Chor von Chartres ist rechteckig. Will man das Geheimnis der Kathedrale verstehen, so muß man von dieser Tatsache ausgehen. Was aber bedeutet die Zahl 21? Die Lösung ist einfach. Man muß nur, anstatt 21, 2 und 1 lesen. Es handelt sich also um eine rechteckige Tafel, deren Länge gleich der doppelten Breite ist. Ich wußte nun, daß ich auf dem richtigen Wege war. Diese Proportion 2:1 lag den ägyptischen und griechischen Tempeln zugrunde; man findet sie auch im Salomonischen Tempel wieder – das Allerheiligste ausgenommen.

Diese geometrische Figur besitzt einige bemerkenswerte Eigenschaften. Das Rechteck mit den Seitenverhältnissen 2:1 hat die Diagonale $\sqrt{5}$. Verlängert man diese Diagonale um die Breite 1 des Rechtecks und teilt diese neue Strecke durch 2, so erhält man eine Strecke, deren Zahlenwert (auf 1 bezogen) den Goldenen Schnitt ergibt, den Grenzwert der Reihe von Fibonacci:

$$(\sqrt{5}+1) : 2 = (1{,}618\ldots) : 1$$

Die Zahl des Goldenen Schnittes bezeichnet ein Verhältnis, dessen Teile immer auf das Ganze bezogen bleiben, worüber gelehrte

Abhandlungen verfaßt worden sind. Sie weist u. a. folgende Eigentümlichkeit auf:

$$\frac{1,618\ldots}{(1,618\ldots)-1} = (1,618\ldots)+1 = (1,618\ldots)^2 = 2,618\ldots$$

oder:

$$\frac{1,618\ldots}{0,618\ldots} = (1,618\ldots)\cdot(1,618\ldots) = 2,618\ldots$$

Weiter:

$$(2,618\ldots)\,\frac{6}{5} = 3,1416\ldots \approx \pi^{[1]}$$

π aber ist die Konstante, mit deren Hilfe Umfang und Oberfläche eines Kreises ermittelt werden können, dessen Durchmesser bekannt ist. $\frac{6}{5}$ ist musikalisch das Intervall der kleinen Terz, das Intervall zwischen den Grundtönen zusammengehöriger Dur- und Molltonleitern (z. B. C-Dur und a-Moll). Wir werden dieses Intervall im Aufriß der Kathedrale wiederfinden.

Wichtig ist jetzt vor allem die Feststellung, daß die rechteckige Tafel mit dem Seitenverhältnis 2:1 den Schlüssel zur Verwandlung einer rechteckigen Oberfläche in eine Kreisfläche enthält. So ist es möglich, die runde Tafel von der rechteckigen Tafel abzuleiten. Wir haben hier, wenn auch keine schulmathematische, so doch eine baugeometrische Quadratur des Kreises. Diese Form der Quadratur mußte in der Kathedrale zu finden sein, stand diese doch an einer der erhabensten Stätten Galliens. War die Kathedrale wirklich das, was sie zu sein versprach – und was ich vorfand, überzeugte mich davon –, so mußten ihr auch die drei Tafeln gleichen Flächeninhalts eingeschrieben sein. So machte ich mich daran, die Kathedrale auszumessen.

---

[1] Anm. d. Übers.:

Aus der Verhältnisgleichung des Goldenen Schnittes a:b = b:(a+b) ergibt sich

$b^2 = a^2+ab$ und $b = \dfrac{b^2-a^2}{a}$

Für a = 1 ist also $b^2 = 1+b$ und $b = b^2-1$.

Dagegen liefert (bei a = 1) $\frac{6}{5}\,b^2$ nur einen Annäherungswert an π.

Leider läßt sich die sinnlich wahrnehmbare Harmonie einer Gestalt nicht so leicht analysieren. Es ist kaum möglich, in einem Kirchenraum Meßbänder zu entrollen und Nivellierlatten und Goniometer aufzustellen, ohne Besucher, Küster und Chorknaben drastisch vor die Tür zu setzen. Ich mußte deshalb auf vorhandene Pläne (Grund- und Aufrisse) zurückgreifen. Immer neue Schwierigkeiten gab es zu überwinden.

Wie ein Naturding ist diese Kathedrale gewachsen, wie eine Pflanze, wie ein Baum. Zunächst scheint ein Stamm rund zu sein; fertigt man aber einen Querschnitt an, wird offenbar, daß sein Rund unregelmäßig ist, so unregelmäßig wie die beiden Hälften eines Gesichtes. Die Geometrie der Natur ist nur im Großen genau, im Detail ist sie niemals exakt. Das Fünfeck einer fünfzähligen Blüte ist nicht regelmäßig – wäre es das, so wirkte die Blume nicht echt. Ihre Unregelmäßigkeit verleiht ihr gewissermaßen Persönlichkeit, die sich nicht in ein Schema pressen läßt. Auch die Regelmäßigkeit der Kathedrale hält nur dem Auge stand – der Plan enthüllt nicht exakte Details, sondern Ungleichmäßigkeiten.

Aber diese unbeabsichtigten Unregelmäßigkeiten gehören dazu. Es ist verständlich, daß die Messungen der Bauleute nicht von wissenschaftlich strenger Genauigkeit waren. Es sind menschliche Maße, die vom Auge und von der Hand des Messenden abhängen und die – besonders in solchen Dimensionen – stets Annäherungswerte geben. Aber es gibt auch andere »Fehler«, die beabsichtigt sind, auch wenn das Auge sie nicht entdeckt. *Nach dem Gesetz, wonach sie angetreten,* hat sich diese mächtige Pflanze unter der Hand des Baumeisters eigenförmig entwickelt. Alle sogenannte Fehlerhaftigkeit muß in den Willen des Baumeisters einbezogen gewesen sein, denn es ist kein einziger *technischer* Fehler unterlaufen; ein solcher hätte sich durch seine Folgen bald verraten. Wurde hier eine besondere Mathematik angewandt, deren Grundlagen uns verlorengegangen sind? Über was für ein Wissen, über welche Geisteskraft verfügten diese namenlosen Männer! Welch natürliche Kommunion mit der ganzen Natur!

Der genannten Unregelmäßigkeiten wegen war ich gezwungen, mich bei der Maßbestimmung an Annäherungswerte zu halten. Für die Breite des Chors von Pfeilerachse zu Pfeilerachse habe ich den Durchschnittswert aus verschiedenen Messungen angenommen: 16,40 m, was auf die Anwendung eines Baumaßes von 0,82 m schließen läßt. Wenn diese Zahl um einige Millimeter ungenau ist, so können selbstverständlich Meßfehler entstehen, jedoch keine Proportionsfehler.

Da ich mich zu den Unwissenden zähle, habe ich für die Analyse die Rechnung zu Hilfe genommen, zweifellos ein Behelf, dessen der Meister von Chartres nicht bedurfte. Er *wußte*. Ein Maß und ein Seil genügten ihm.

Das Maß war nicht beliebig, es war der kosmischen Konstellation entnommen. Auch das Seil war kein Werkzeug des Zufalls. Es diente zum Aufreißen der Leitfiguren, jener ins Sichtbare projizierten Sphärenmusik, deren Rhythmen das Weltgesetz widerspiegeln.

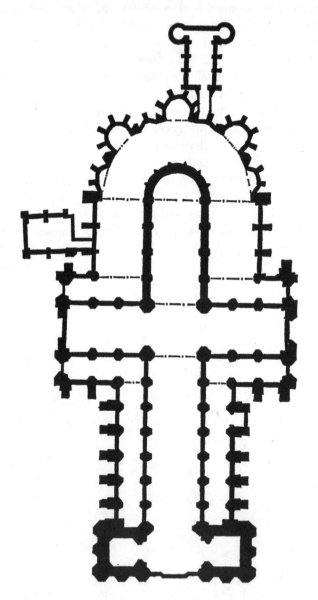

13

DAS GEHEIMNIS DES BAUPLANS

Der Bezirk, von dem wir auszugehen haben, ist der Hügel und auf ihm das heilige Zentrum, über dem die Tempelsäule errichtet wurde. Die Breite des Hügels, der nur umschlossen, aber nicht verletzt werden soll, ist durch die Kirche Fulberts begrenzt. Die Länge der rechteckigen Tafel muß das Doppelte *dieser* Breite betragen. Um die Tafel in ihre Lage zu bringen, hat man nur eine ihrer Ecken festzulegen, dann ergibt sich die Mittelachse von selbst. Diese Ecke wird bestimmt vom Schatten der Säule, den die aufgehende Sonne zur Tagundnachtgleiche wirft: Sie ist der Punkt, in dem der Schatten die nordwestliche Begrenzung des Hügels schneidet. Eine wenig präzise Methode, denn es ist nicht so leicht, bei aufgehender Sonne einen flüchtigen Schatten zu bannen! Das gleiche Ergebnis kann indes durch ein Vorrichtung zur Bestimmung des Azimutwinkels erzielt werden, wie es eine solche auf dem keltischen Erdhügel von Archevilliers, genau östlich der Kathedrale gegeben hat, wo sich einst ein Dolmen befunden haben muß. Das Visieren kann auch mit Hilfe des Polarsterns ausgeführt werden. Andere Methoden zur Bestimmung der Himmelsrichtung übergehen wir hier. Wichtig ist: Die Richtung der Kathedrale ist gegeben, und die Westecke der Tafel befindet sich zur Tagundnachtgleiche bei aufgehender Sonne genau auf der Linie, die der Säulenschatten wirft.

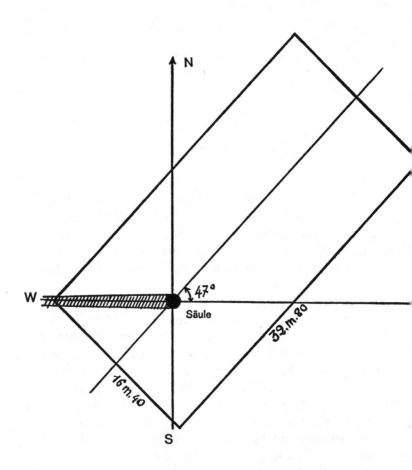

Die Breite der Tafel ist durch die Breite des heiligen Hügels vorgegeben. Die Sonne markiert die übrigen Grenzen. Messungen ergeben, daß die Nordostrichtung der Tafel mit dem Säulenschatten einen Winkel bildet, der nicht 47° sondern genau 46°54' beträgt – das ist auch der Winkel, um den die Kathedralenachse von der Ostrichtung abweicht.

Die rechteckige Tafel ist nun leicht zu konstruieren, wenn man von dieser Westecke aus zweimal die Breite des Hügels, also 32,80 m abträgt. Das heilige Zentrum ist dann 7,68 m von der Südwestseite der Tafel entfernt. Die Breite der Tafel enthält das Maß von 0,82 m zwanzigmal (auch der Salomonische Tempel hatte eine Breite von 20 Maß). Ihre Länge mißt 40 Maß, die Oberfläche 800 Quadratmaß, umgerechnet 537,92 m². Die Südwestseite der Tafel stimmt übrigens nicht mit der heutigen Chorbasis überein – der heutige Chor beginnt bei den mächtigen Vierungspfeilern –, sondern mit der alten Chorbasis, die durch den im 18. Jahrhundert zerstörten Lettner bezeichnet wurde. Man kann schon darin eine erste Bestätigung für die Richtigkeit dieser geometrischen Konstruktion sehen. Es gibt aber noch andere Anhaltspunkte.

Die Konstruktion einer quadratischen Tafel mit gleicher Oberfläche wie die der rechteckigen bietet keinerlei Schwierigkeit: Die Mittelachse des Rechtecks wird zur Diagonale des Quadrats. Sie bestimmt unmittelbar die zweite Begrenzung, nämlich die Breite des Kirchenraums von Mauer zu Mauer, die sich in den freistehenden Säulen des Chorumgangs fortsetzt. Die quadratische Tafel hat den gleichen Flächeninhalt wie die rechteckige. Die Quadratseite beträgt 28,284 Maß, das sind 23,19 m.

Nun kann man aber etwas Merkwürdiges feststellen: Der Wert 23,192 m kommt dem zehnten Teil der Grundseite der Cheopspyramide auffallend nahe; die Meßwerte für diese Grundseite betragen zwischen 230,30 m und 232,80 m. Die Grundfläche der Cheopspyramide wäre also hundertmal so groß wie die Grundfläche der Tafeln von Chartres.

Nicht weniger erstaunlich ist die Tatsache, daß der seitliche Böschungswinkel dieser Pyramide – etwa 51° 25′ (man kann ihn nicht mehr genau messen, seitdem der glatte Kalkmantel abgebröckelt ist) – der charakteristische Winkel jener geometrischen Figur ist, die der Kathedrale ihren Sinn und ihren Rhythmus gibt: des Siebensterns. Die Siebenzahl ist das Symbol der Inkarnation: der Abstieg der göttlichen Dreiheit in die Vierheit des

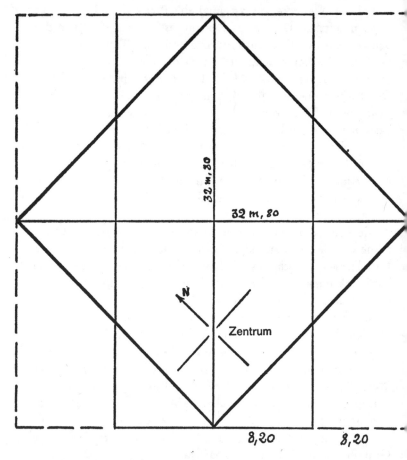

Die quadratische Tafel läßt sich über der Mittelachse der rechteckigen Tafel leicht konstruieren. Die senkrechte Diagonale bestimmt die Breite des Kirchenraums einschließlich der Seitenschiffe, die sich in den freistehenden Säulen des Chorumgangs bis zur Apsis fortsetzt. Der Flächeninhalt der quadratischen Tafel beträgt wie der der rechteckigen 537,92 m², die Quadratseite mißt also $\sqrt{537,92 \text{ m}^2} = 23,19$ m. Die Quadratseite der Cheopspyramide wird von verschiedenen Autoren mit 230,902 m (Jomard), 230,364 m (Flinders-Petrie), 232,805 m (Moreux) angegeben. Es gibt nur Annäherungswerte, weil die Messung wegen des heute fehlenden Kalküberzuges erschwert ist.

Stofflichen. Sieben ist die Zahl der durch den göttlichen Atem belebten Erde. So ist der Siebenstern auch das Symbol der Schwarzen Jungfrau.

Dieser Siebenstern ist über dem Grundriß der Kathedrale leicht zu konstruieren. Man braucht dazu nur die Rechteckseite, die die alte Chorbasis markiert, nach beiden Seiten zu verlängern. Wo diese Linie die Außenseiten der nördlichen und südlichen Querschiffmauern auf der Höhe der Portale – ohne Berücksichtigung der Vorhallen – schneidet, findet man je einen Strahl des Siebensterns, dessen Mittelpunkt das heilige Zentrum ist. Da ein weiterer Strahl des Siebensterns auf der Mittelachse der Kathedrale liegt, kann man die Figur leicht zum vollständigen Stern ergänzen.

Der Baumeister allerdings mußte umgekehrt verfahren; er hatte mit der Konstruktion des Siebensterns zu beginnen. Daraus ergaben sich dann der halbrunde Abschluß der rechteckigen Tafel, die Breite des gesamten Chors, Länge und Breite der Querschiffe, die Länge der Kathedrale und ihr Umfang und endlich auch die Möglichkeit, die mit der rechteckigen und der quadratischen Tafel flächengleiche runde Tafel zu konstruieren. Vermutlich diente der Siebenstern auch noch als Ausgangsfigur für andere, weniger offensichtliche Gestaltungen.

Die Kathedrale erklärt sich nicht durch Zahlen, sondern durch Figuren. In keinem Stadium des Baus hat der Baumeister die Rechnung zu Hilfe nehmen müssen. Nicht, daß er deren nicht fähig gewesen wäre! Aber eine von der Gestalt abgelöste Rechnung, die nur Quantitatives berücksichtigt, hätte zu disharmonischen Abweichungen führen können. Seil und Maß genügten ihm. Wenn also hier Berechnungen angestellt werden, so nur, damit auch der Verstand nachvollziehen kann, was durch die Figur unmittelbar einleuchtet.

Die Schulmathematik wird sich über einen Menschen entrüsten, der noch nichts davon gehört zu haben scheint, daß Quadratur und Siebenteilung des Kreises mit Zirkel und Lineal unmöglich sind. Natürlich hat die Schulmathematik auf ihrer Ebene recht. Aber wir befinden uns hier auf einer anderen Ebene, auf einer

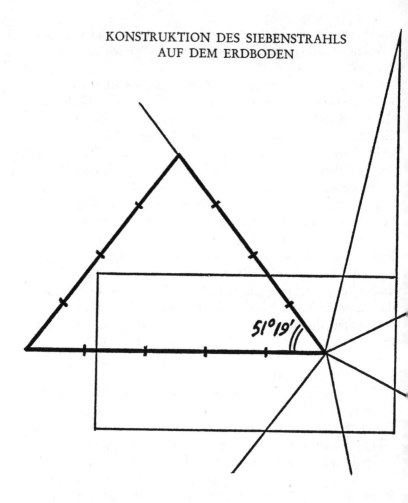

Das zwölfknotige Druidenseil mit seinen dreizehn gleichen Abschnitten ermöglicht die Konstruktion verschiedener Figuren auf dem Erdboden. So läßt sich zum Beispiel der rechte Winkel konstruieren, indem man mit Hilfe von 12 Abschnitten das Pythagoräische Dreieck mit den Seiten 3, 4 und 5 herstellt. Ebenso ist mit Hilfe von 13 Abschnitten die »Konstruktion« eines gleichschenkligen Dreiecks mit den Seiten 5, 4 und 4 möglich, dessen gleiche Winkel je 51°19′ betragen, was dem bei der Siebenteilung des Kreises entstehenden Winkel (51°25′42″) sehr nahe kommt. Dieses gleichschenklige Dreieck ist übrigens dem Pyramidendreieck annähernd ähnlich.

Ebene, wo Formen und Figuren *wirken*, unabhängig davon, ob sie auf dem Reißbrett exakt konstruiert werden können. Der Baumeister bedarf keiner Rechnung im Sinne der Schulmathematik, ihm geht es nicht um den reinen Begriff. Er konstruiert auf dem Erdboden und läßt aus ihm eine Kathedrale, ein eigenartiges, lebendiges Wesen emporwachsen. Er bewegt nicht Ideen, sondern die Materie. Um den starren Stoff wieder atmen zu machen, rhythmisiert er ihn durch Proportionen, die der Mathematik des Lebens entnommen sind.

Auf dem Erdboden ist die Siebenteilung des Kreises deshalb möglich, weil die Materie eine exakte Konstruktion ohnehin nicht zuläßt. Seil und Maß sind hier die gemäßen Werkzeuge. Das zwölfknotige Seil der Druiden (zwölf Knoten bedeuten dreizehn Abschnitte) genügt bei weitem. Wenn man das Seil so legt, daß ein gleichschenkliges Dreieck mit den Seiten 5, 4 und 4 entsteht, ergeben sich zwei Winkel von 51° 19′, während der siebente Teil des Kreiswinkels $\frac{360°}{7} = 51° 25′ 42″$ beträgt – das sind 6′ 42″ mehr. Bei so großflächigen Gebilden ist eine Korrektur leicht, weil man die Teilung nur noch einmal im entgegengesetzten Sinne vorzunehmen und den Fehler zu interpolieren braucht. Die Teilung kann durchaus mit einer Genauigkeit ausgeführt werden, die für eine Baukonstruktion hinreicht. Es ist aber nicht ausgeschlossen, daß der Baumeister von Chartres ein besseres Verfahren gekannt hat, vielleicht sogar dasselbe, das der Pyramidenbaumeister angewandt hat.

Zeichnen wir jetzt den Siebenstrahl auf! Der nach oben weisende Strahl kommt auf die Achse des Bauwerks zu liegen. Wie wir schon gesehen haben, schneiden die zwei leicht nach unten weisenden Strahlen die verlängerte Basis der rechteckigen Tafel genau an der nördlichen und südlichen Außenmauer des Querschiffs und bestimmen so dessen Länge. Traditionsgemäß ist dieses Maß in den Zahlen der Bauformel vorgegeben, aber es ist unmöglich, das genau zu bestätigen. Wie dem auch sei: Die Punkte – zumindest einer – sind besonders wichtig, weil mit ihrer Hilfe

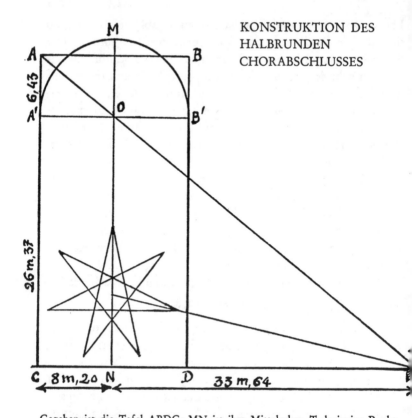

Gegeben ist die Tafel ABDC; MN ist ihre Mittelachse, T derjenige Punkt, in dem der Sternstrahl die Querschiffecke bezeichnet. Die Verbindungslinie TA schneidet die Mittelachse in O und läßt zwei ähnliche Dreiecke entstehen: ACT und ONT. Also: AC:CT = ON:NT, daraus folgt: (AC×NT): CT = ON. Werden die Buchstaben durch ihre Werte ersetzt, so erhält man: $\frac{32,80 \times 33,64}{41,84} = 26,371$. Dann ist AA′ = 32,80 — 26,37 = 6,43. Die Fläche des Rechtecks ABB′A′ beträgt 6,43×16,40 = 105,452. Die Fläche des Halbkreises A′MB′ um O mit dem Radius OA′ (8,20 m) beträgt $\frac{r^2 \times \pi}{2} = \frac{8,20^2 \times 3,1416}{2} = 105,620$. Der Abstand AA′ müßte, wenn die Fläche des Rechtecks ABB′A′ gleich der Fläche des Halbkreises A′MB′ wäre, was für den Idealfall gefordert ist, $\frac{105,62}{16,40} = 6,44$ betragen. Der Fehler ist also gerade 1 cm groß und kann beim Bauen ohne weiteres vernachlässigt werden.

die halbrunde Apsis des Chors und die runde Tafel, die gleichen Flächeninhalt wie die rechteckige hat, konstruiert werden können.

Die vorhandenen Grundmauern der Unterkirche und der vorgesehene Chorumgang verlangten einen halbrunden Chorabschluß. Für den Baumeister bestand die Schwierigkeit der Aufgabe darin, daß die rechteckige Tafel in einem Halbrund enden sollte, ohne daß ihr ursprünglicher Flächeninhalt dabei verändert werden durfte. Wenn man den Punkt des Siebenstrahls, der die Ecke T des Querschiffes bezeichnet[1], mit der von ihm am weitesten entfernten Ecke A der Tafel verbindet, so ergibt sich ein Schnittpunkt O dieser Geraden mit der Mittelachse. Dieser Schnittpunkt ist der Mittelpunkt eines Halbkreises A′MB′, dessen Durchmesser die Breite der Tafel ist und dessen Fläche dem rechteckigen Abschnitt ABB′A′ der Tafel, den er ersetzen soll, praktisch gleich ist. Die Umwandlung der rechteckigen Tafel in eine Tafel mit halbrundem Abschluß ist offensichtlich eine Anpassung des gotischen Baus an den alten romanischen Grundriß. Es scheint nämlich, daß im ursprünglichen gotischen Grundriß der Chor flach ausging, wie das in Notre-Dame de Laon ausgeführt worden ist.

Auch die runde Tafel läßt sich mit Hilfe des Punktes T – des Querschiffeckpunktes – konstruieren. Die Konstruktion einer runden Tafel gleichen Flächeninhaltes mit der quadratischen und der rechteckigen wäre die Quadratur des Kreises. Sie ist geometrisch unausführbar; sogar die Integralrechnung muß sich mit einer Annäherung an die Konstante π zufriedengeben. Aber das gilt nur für die theoretische Mathematik. In der praktischen Geometrie kann man die Annäherung so weit treiben und die Maße so rein stimmen, daß auch die Akkorde zusammenklingen.

Was hat unsere Vorfahren an der Quadratur des Kreises so sehr beunruhigt? Sie hörten nicht auf, nach einer geometrischen Lösung zu suchen, während für uns die Quadratur des Kreises bereits sprichwörtlicher Ausdruck für ein unlösbares Problem ge-

---

[1] Siehe die Zeichnung: Konstruktion des halbrunden Chorabschlusses.

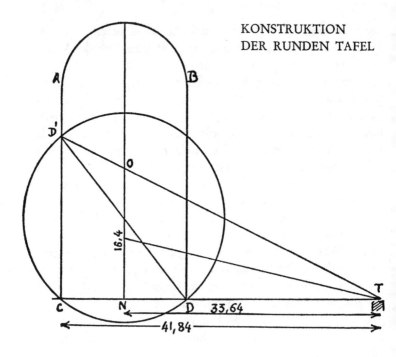

Die Berechnung geschieht folgendermaßen: O halbiert die Mittelachse der rechteckigen Tafel; die Gerade TO schneidet AC in D'. Es entstehen zwei ähnliche Dreiecke: D'CT und ONT. Daraus folgt: D'C:CT = ON:NT, also

$$D'C = \frac{ON \times CT}{NT}$$. Werden die Buchstaben durch ihre Werte ersetzt, so

erhält man: $D'C = \frac{16{,}40 \times 41{,}84}{33{,}64} = 20{,}396$.

Wir haben andererseits (nach Pythagoras):
$$(D'D)^2 = (CD)^2 + (D'C)^2. \text{ Also:}$$
$$(D'D)^2 = 16{,}40^2 + 20{,}396^2 = 684{,}956.$$
$$D'D = \sqrt{684{,}956} = 26{,}172.$$
Der Kreis mit dem Durchmesser D'D hat eine Fläche von

$$\frac{d^2\pi}{4} = \frac{684{,}956 \times 3{,}1416}{4} = 537{,}96 \text{ m}^2.$$

Die Fläche der rechteckigen Tafel ist 537,92 m², also ist der Flächenunterschied 4 cm² und somit sehr gering. Der Radius der so erhaltenen runden Tafel beträgt 13,086 m. Wäre die Kreisfläche genau der Rechteckfläche gleich, müßte er 13,085 m lang sein. Wir haben also einen Fehler von 1 mm auf ca. 13 000 mm.

worden ist. Man suchte – mehr spirituell als materiell – nach einem Einweihungsschlüssel, der den Übergang in eine andere Welt erschließen sollte; übrigens kannte man auch schon in alter Zeit Näherungslösungen von hinreichender Genauigkeit. Die Quadratur des Kreises hatte für den Philosophen einen anderen Sinn als für den Landvermesser. Hätten Alchimisten je daran gedacht, mit Hilfe der »Hochzeit von Wasser und Feuer« Dampfmaschinen zu erzeugen? Wie dem auch sei – dem Problem einer geometrischen Lösung der Quadratur des Kreises ist schon so viel Aufmerksamkeit gewidmet, so viel Bedeutung beigemessen worden, daß zu vermuten ist, es enthalte ein besonderes Geheimnis, den Schlüssel zur Lösung eines Lebensrätsels.

Wenn man von dem Punkt T des Siebenstrahls[1], der die Ecke des Querschiffes bezeichnet und der bereits zur Konstruktion des Halbrunds diente, eine Gerade durch den Mittelpunkt O der rechteckigen Tafel zieht, so schneidet sie die der Querschiffecke entgegengesetzte Seite der rechteckigen Tafel in einem Punkte D'. Verbindet man diesen Punkt mit der ihm gegenüberliegenden Tafelecke D, so ergibt die Entfernung dieser beiden Punkte voneinander einen Wert, der nur gering von dem Durchmesser des Kreises abweicht, der mit der rechteckigen und der quadratischen Tafel flächengleich ist.

Die Konstruktion der runden Tafel ist mehr als eine Übung zum Zeitvertreib; ihr Bogen bestimmt nämlich die Standorte der großen Pfeiler zwischen Chor und Vierung. Ihr Konstruktionszentrum fällt nicht mit dem heiligen Zentrum der rechteckigen Tafel zusammen, sondern befindet sich 2,523 m von ihm entfernt. Schlägt man den Kreis aber um das heilige Zentrum, so schneidet sein Bogen die verlängerten Längsseiten der rechteckigen Tafel in den Mittelpunkten der Pfeiler, die den Übergang von der Vierung zum Chor markieren. Verfährt man ebenso mit der quadratischen Tafel, indem man ihren Mittelpunkt in das heilige Zentrum versetzt, und zwar so, daß eine ihrer Diagonalen

---

[1] Siehe die Zeichnung: Konstruktion der runden Tafel.

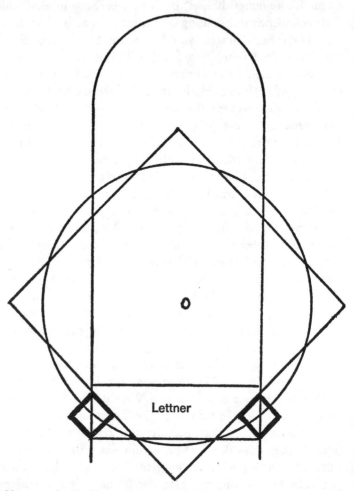

Schlägt man den Kreisbogen der runden Tafel um den Mittelpunkt des heiligen Zentrums, so schneidet er die verlängerten Längsseiten der rechteckigen Tafel in der Mitte der Vierungspfeiler. Die quadratische Tafel (ebenfalls mit dem heiligen Zentrum als Mittelpunkt) bestimmt dann durch ihre Seiten die Dicke dieser Pfeiler. Die unteren Schnittpunkte beider Tafeln liegen auf der Höhe, wo der Lettner ehemals gegen die Vierung abschloß. Nach der Chorseite zu begrenzte der Lettner die Basis der rechteckigen Tafel.

der Mittelachse der rechteckigen Tafel aufliegt, so bestimmen zwei ihrer Seiten die Dicke dieser Pfeiler.

Auf diese Weise erhält man nicht nur eine geometrische, sondern auch eine technische Lösung; denn die Dicke der Pfeiler ist eine technische Größe, bei der Gewichte, Höhen und Druckverhältnisse des Bauwerks eine Rolle spielen. Man mag in diesem Zusammentreffen einen Zufall sehen. Ich selbst glaube aber, daß in dem so einfachen und weisen System des Baumeisters die geometrischen und die technischen Lösungen gar nicht voneinander zu trennen sind. Der Lettner, der den Chor gegen den Kirchenraum abschloß, war 2 Klafter und 9 Zoll breit, das sind ungefähr 4,20 m. Wahrscheinlich hat er den Raum zwischen den Pfeilern bis hin zur Basis der rechteckigen Tafel eingenommen. Er bestand aus *sieben* gotischen Arkaden und war der einzige Innenschmuck der Kathedrale. Aus den Bruchstücken, die sich erhalten haben und von denen einige in der Krypta[1] aufbewahrt werden, kann man sich ein Bild davon machen, welch herrliche Skulpturen er getragen hat.

Auch das Chorhaupt wird von sieben gotischen Bögen gebildet, die man im Jahrhundert der Aufklärung mit Stuck verschönern zu müssen glaubte, zu einer Zeit, da selbst Voltaire die Gotik barbarisch fand. Die Apsis besitzt eine Eigentümlichkeit: Ihre Achse weicht von der Mittellinie des Chors leicht gegen Norden ab – zwar unmerklich für das Auge, aber ein Blick auf den Grundriß enthüllt die Unregelmäßigkeit sofort. Hierin nur das Ergebnis eines Fehlers sehen zu wollen, hieße Schindluder treiben mit jener hohen Weisheit, die bei Errichtung dieses Bauwerks Pate gestanden hat. Dennoch bleibt der wahre Grund dieser Abweichung unbekannt. Die Kathedrale antwortet – gewiß, nur weiß ich in diesem Falle die Frage nicht zu stellen.

Was die unregelmäßige Stellung der Pfeiler im Südchor betrifft, so habe ich auch hier vergeblich nach der richtigen Frage gesucht. Die beiden Pfeiler, die das Joch bezeichnen, innerhalb

---

[1] Anm. d. Übers.: Sie sind neuerdings in der Kapelle St. Piat ausgestellt.

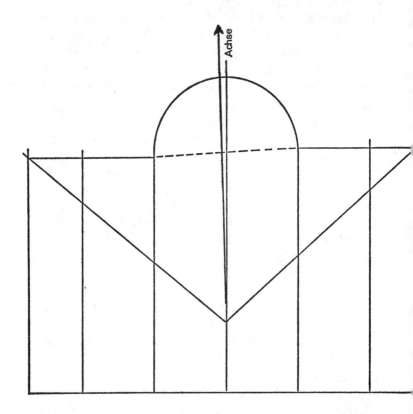

Der Baumeister hat die Achse des Siebensterns gegen die Kathedralenachse leicht verdreht, infolgedessen sind auch die Seitenschiffe im Süden und im Norden verschieden breit. Auch die beiden oberen, seitlich ausgehenden Strahlen des Siebensterns schneiden die Basis des Chorhauptes nicht mehr auf gleicher Höhe. Die Berechnung, die von einer Verdrehung der Sternachse um 1° ausgeht – was etwa der Wirklichkeit entspricht –, ergibt zwischen den Breiten der beiden Seitenschiffe eine Differenz von beinahe 1 m. Nach dieser Rechnung ist die Distanz zwischen den Choraußenmauern 47,04 m, nach der Messung dagegen 45,95 m, was eine Differenz von 1,09 m ausmacht. Da jede Basismauer etwa von dieser Dicke ist, liegen die Schnittpunkte der Sternstrahlen mit der verlängerten Halbrundbasis ungefähr in Mauermitte. Das läßt sich natürlich nicht genau nachprüfen.

dessen das heilige Zentrum liegt, stehen weiter voneinander entfernt als die der übrigen Joche. Während der Durchschnittsabstand der Joche etwa 7 m beträgt, sind diese Pfeiler auf 7,83 m auseinandergerückt. Andererseits ließ gerade dieses Joch den Blick auf die *Madonna im schönen Fenster* frei, bevor die Chorschranke des Jean de Beauce im 16. Jahrhundert den Ausblick versperrte. Vielleicht bietet das die Erklärung: Der Lichtstrom dieses Fensters sollte ungehindert in den Chor gelangen.

Nicht allein für die Konstruktion des inneren Chors ist der Siebenstern Leitfigur, er bestimmt auch die Grenzen des zweiten Chorumgangs. Die verlängerte Basislinie des Chorhalbrunds wird von den beiden oberen seitlich ausgehenden Sternstrahlen in zwei Punkten geschnitten: diese liegen in der Mitte der Chormauern. Natürlich tritt infolge der besagten Abweichung der Halbkreisachse von der Hauptachse eine gewisse Asymmetrie zwischen der Nordmauer und der Südmauer auf. Das spricht, glaube ich, dafür, daß dieser Abweichung kein menschliches Versagen zugrunde liegt – ein solches hätte bemerkt und korrigiert werden können –, sondern diese Asymmetrie hat ihren Sinn gehabt. Vielleicht – ich muß mich an das von Rabelais so geliebte »vielleicht« halten – hängt das mit dem rätselhaften dritten Maß der Kathedrale zusammen.

Ausgehend von den beiden Schnittpunkten der Sternstrahlen mit der Basislinie des Chorhalbkreises rundet sich der Halbkreis der Apsis konzentrisch um den Chorhalbkreis. Dieser um das Chorhaupt verlaufende äußerste Halbkreis enthält die Mittelpunkte der drei Rundkapellen des Chors, deren Innenradius etwa 3,70 m beträgt, eine Größe, die uns beim sogenannten zweiten Maß wiederbegegnen wird.

Übrigens: Die Länge des rechteckigen Chorabschnitts, gemessen bis zur Basis seines halbrunden Abschlusses, beträgt 26,32 m, seine Breite 16,40 m. Die Proportionen dieses Rechtecks ergeben ziemlich genau den *Goldenen Schnitt,* der für den Menschen eine Schlüsselproportion der Ästhetik ist.

Nachdem wir seither nur mit den Sternstrahlen operiert haben,

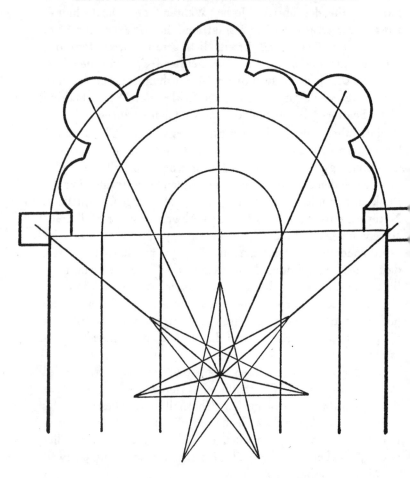

Die Chorapsis ist über einem leicht verschobenen Siebenstern konstruiert, so daß die mittlere Kapelle nicht genau auf der Kathedralenachse liegt. Der Leitkreis des Rundbogens, dessen Durchmesser gleich dem Abstand der Chormauern ist, grenzt die Apsis jedoch nicht ab, sondern enthält nur die Mittelpunkte der Kapellen, deren Innenradien etwa 3,69 m (5 Chartreser Ellen) betragen. Die Zentren der Kapellen sind zugleich Schnittpunkte des Leitkreises mit dem obersten Strahl des geneigten Siebensterns und den benachbarten Winkelhalbierenden.

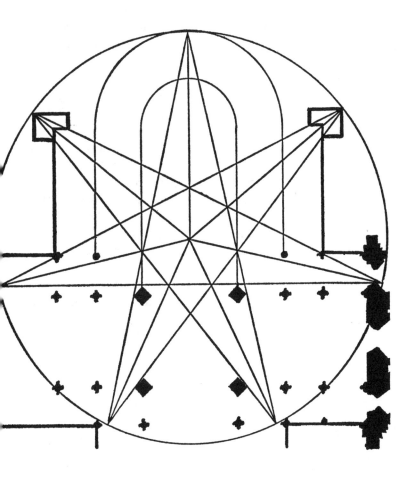

Nach der Konstruktion des Siebensterns muß der Abstand vom heiligen Zentrum bis zur Südwestbasis des Querschiffs 31,10 m betragen. Die Messung ergibt 31,083 m. Zwei andere Sternspitzen markieren die äußeren Ecken der Türme, die den Chor am Übergang zur Apsis einfassen.

zeichnen wir nun den ganzen Stern in seiner Ausdehnung auf. Sein Umkreis, der die schon genannten Querschiffecken passiert, berührt die beiden unteren Sternspitzen auf derselben Höhe, auf welcher das Querschiff nach Südwesten zu endet; der Stern bestimmt also auch die Breite des Querschiffs. Der Berechnung zufolge mußte die Südwestgrenze des Querschiffs 20,88 m von der Chorbasis entfernt verlaufen; die Messungen ergeben mit 20,98 m eine Differenz von 10 cm. Der Umkreis des Siebensterns berührt die beiden oberen seitlich ausgehenden Spitzen in den äußeren Ecken der Türme, die den Chor beim Übergang der Chormauer in die Rundung der Apsis einfassen. Auch hier löst die geometrische Konstruktion zugleich ein technisches Problem.

Was nun den »öffentlichen« Teil der Kirche anlangt, so ist die Breite des Hauptschiffes durch die Breite des Chors vorgegeben. Die Breite des Kirchenraums, einschließlich der Seitenschiffe – also von Mauer zu Mauer gerechnet –, ist gleich der Diagonale der quadratischen Tafel. Die Länge der Kirche ergibt sich aus der Anordnung der Tafeln.

Auf die rechteckige Tafel des Chors folgt – durch den Lettner, der die heilige Stätte beschirmt, von ihr getrennt – die quadratische Tafel, deren eine Diagonale auf der Kathedralenachse liegt. Die Südostecke dieser Tafel liegt – welche Überraschung! – genau auf jener hellen Fliese, die den Metallknopf trägt, der zur Sommersonnenwende von der Mittagssonne beschienen wird. Da die Kathedralenachse etwas verdreht liegt, besitzt die quadratische Tafel, deren Fläche, wie wir wissen, ein Hundertstel von der Grundfläche der Cheopspyramide beträgt, wie die Pyramide eine fast genau gegen Norden gerichtete Seite. Ob das ein bloßer Zufall ist?

An die quadratische Tafel schließt sich unmittelbar die runde Tafel an, die im Labyrinth, das glücklicherweise erhalten geblieben ist, ihre Darstellung gefunden hat, wovon an anderer Stelle die Rede sein wird. Die Peripherie der runden Tafel berührt die Verbindungslinie zwischen den nordöstlichen Ecken der an die Türme gelehnten Pfeiler. Hier beginnt der Einweihungsweg.

DIE ANORDNUNG DER DREI TAFELN

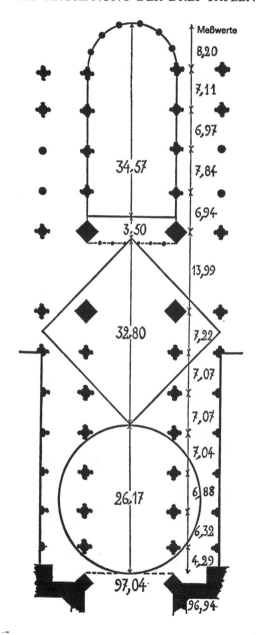

Meßwerte

8,20

7,11

6,97

7,84

6,94

13,99

7,22

7,07

7,07

7,04

6,88

6,32

4,29

34,57

3,50

32,80

26,17

97,04

96,94

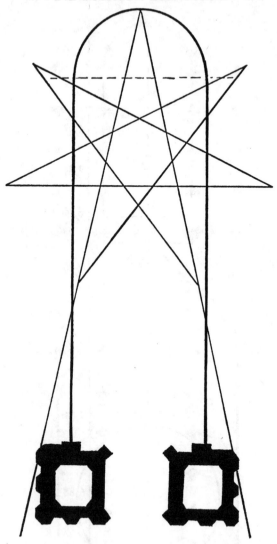

Obwohl die Türme der Westfassade bereits fünfzig Jahre vor Baubeginn der heutigen Kirche errichtet wurden, fügen sie sich genau in den durch den Siebenstern erfaßten Bereich ein.

Wenn wir die traditionelle Gestalt des Siebensterns nehmen – wobei man beim Zeichnen, vom Gipfelpunkt der obersten Spitze beginnend, zur drittnächsten Spitze, von dort, wieder zwei überspringend, zur dritten fortschreiten muß usf. – und die von der obersten Sternspitze, die auf der Kathedralenachse liegt, ausgehenden Seiten verlängern, so begrenzt der erweiterte Spitzwinkel die Südwesttürme – dieselben Türme, die fünfzig Jahre vor Baubeginn des Kirchenschiffs errichtet worden sind. In der Tat ein »glücklicher Zufall«, der diese Türme so genau zu bemessen wußte!

14

DREI TAFELN TRAGEN DEN GRAL

Soweit waren meine geometrischen Überlegungen gediehen. Offen gestanden: ihr Ergebnis befriedigte mich. Gleichzeitig aber mußte ich mir sagen: die inneren Türen würden sich nicht so leicht öffnen lassen. Immerhin hatte ich die Überzeugung gewonnen, daß der Baumeister von Chartres seine Kathedrale nicht aus eigener Inspiration, sondern im Dienst eines überlieferten Wissens erbaut hatte, das er wie ein Werkzeug zu handhaben wußte. Wie die drei Tafeln mußte auch der Siebenstern einer Notwendigkeit entsprungen sein und seine Nützlichkeit haben. Mögen die »Romantiker« auch darüber denken, wie sie wollen, aber in der Blütezeit der Kathedralenbaukunst wußte man nichts vom Prinzip *l'Art pour l'Art*. Ein jedes Symbol bewies sich selbst, indem es *wirkte*.

Drei Tafeln tragen den Gral. So weiß es die Überlieferung. Was aber ist das: der Gral?

In der christlichen Version der Sage von der *Tafelrunde* ist er die Schale, die beim Abendmahl Christi als Trinkgefäß gedient, in welcher Joseph von Arimathia hernach das Blut des Gekreuzigten aufgefangen hat, ein Gefäß, würdig, das göttliche Blut zu empfangen, sei es in unmittelbarer oder verwandelter Gestalt: *Trinket alle daraus, das ist mein Blut.* Die Ritter der Tafelrunde – auch hier erscheint eine Tafel! – mühen sich um den Gral. Wie die Legende erzählt, wird die heilige Schale im Schloß der Abenteuer vom Fischerkönig (wir befinden uns im Zeitalter der Fische) gehütet. Die Geschichte der Kreuzzüge enthält den Hinweis, daß nach der Einnahme von Ascalon ein heiliges Gefäß in die Hände der Genueser gefallen sei, golden und von oktogonaler Form, von dem die Legende vom Gral ihren Ausgang genommen habe. Nun ist aber die christliche Gralslegende eine Version der weit älteren keltischen Legende.

Gral – das ist ein keltisches Wort. Doch bleibt ungewiß, ob der Ausdruck keltischen Ursprungs ist; er kann auch noch viel älter sein. Ich halte dafür, daß ihm die Wurzel *Car* oder *Gar* (Stein) zugrunde liegt. *Gar-Al* oder *Gar-El* könnte dann entweder *Gefäß des Steins* (Gar-Al) oder *Stein Gottes* (Gar-El) bedeuten. Beide Etymologien kommen einander sehr nahe. Im ersten Fall wäre die Schale das Gefäß, in dem sich der Stein bildet, im zweiten wäre der Stein selbst gemeint. Das Symbol ist zweifellos alchimistischer Herkunft. *Gral* kann aber auch verwandt sein mit *chaudron* (Kessel). In keltischer Zeit wurden im Kessel (caldron) Lugs auf besonderem Feuer allkräftige Arzneien gebraut. Dann gab es – in seiner Stadt Is – den König *Gradlon,* dessen Name verrät, daß er ein Gralshüter war; Is wurde von den Meereswogen verschlungen, als seine Tochter Mahu, zum Christentum bekehrt, die Menhire umwarf, die den Boden hielten.

Der Ausdruck *Gral* ist wahrscheinlich keltisch – aber zu anderen Zeiten und an anderen Orten findet man unter anderem Namen die Legende um die heilige Schale wieder. Am sogenannten Eingeweihtenportal von Chartres, dem Nordportal, ist Melchisedek dargestellt. Er hält, gegen Abraham geneigt, den Kelch; in diesem Kelch aber liegt, deutlich zu sehen, ein Stein[1]. So gehörte auch zu jedem griechischen Tempel der *Krater,* eine Trinkschale – herzuleiten von *teras* (wunderbar) oder *theos* (göttlich) über der Wurzel *cra, car.* Unter welchem Namen auch

---

[1] Anm. d. Übers.: Es kann sich natürlich auch um eine Darstellung des *Brotes* handeln, das Melchisedek dem Abraham zusammen mit dem Wein darbot (vgl. Genesis 14,18–20).

immer, ausnahmslos ist ein Gefäß gemeint, dessen Inhalt geheiligt ist, den die Gottheit selbst durchdringt, der *transsubstantiiert* wird. Ein schönes christliches Bild dafür haben wir am Türpfeiler der Kirche von Saint-Loup-de-Naud bei Provins. Dort ist der heilige Loup dargestellt; er hält einen Kelch in der Hand, in dem sich – von einem Engel hineingelegt – ein Smaragd verstofflicht. Kann ein Symbol deutlicher sprechen? Es ist alchimistischer Herkunft.

Die Alchimie ist, wie man weiß, eine Wissenschaft, eine Kunst, die den, der sie beherrscht, befähigt, den belebenden Strom, der die Gestirne umfließt, aufzufangen, festzuhalten und zu konzentrieren. Vermag ein Adept den Lebensstrom so zu konzentrieren, daß er sich einem Stoffe verbindet, dann hat er den *Stein der Weisen* gefunden. Dieser Stein besitzt durch die ihm innewohnende Verdichtung kosmischer Kräfte eine ungeheure Wirkung, die der Adept auf alle möglichen Dinge lenken kann. Dadurch kann er deren Entwicklung beschleunigen, zu deren Vollzug die Natur sonst viele Jahrhunderte, wenn nicht Jahrtausende gebraucht hätte. Der Stein beweist sich vor allem durch seine Eigenschaft, gemeine Metalle in edle, in Silber oder Gold zu verwandeln.

Dieser Lebensstrom – der *spiritus mundi* der Alchimisten – wirkt unaufhörlich auf alles Lebendige – auch auf den Menschen – ein und bewirkt dessen Fortentwicklung. An gewissen Orten – so müssen wir annehmen – verdichtet er sich, so daß er dort Entwicklungen besonders begünstigt, um so mehr dann, wenn der Mensch dafür *empfänglich* gemacht wird. Es ist das Ziel jeder echten Pilgerfahrt, *Verwandlung* in irgendeiner Form zu erlangen (vergleichbar der Mutation einer Pflanze). Das ist natürliche Alchimie!

Die Art der Vorbereitung auf den Zustand höherer Empfänglichkeit gibt die Richtung an, in der sich die Verwandlung vollziehen soll. Auch das Symbol der drei Tafeln weist in eine besondere Richtung. Einem Menschen, der selbst zur Schale wird, die den Gral in sich fassen soll, tut sich der dreifache Weg zur Wandlung auf: er hat die runde Tafel, die quadratische Tafel und die rechteckige Tafel zu passieren, weniger sinnbildlich gesprochen: Intuition, Intelligenz und Mystik. Wir haben hier drei Manifestationen der menschlichen Persönlichkeit. Wie beziehen sie sich auf die drei Tafeln?

Die runde Tafel ist eine sehr frühe Erscheinung der Menschheitsgeschichte. Die *Cromlechs,* die *Ronds-de-Fées* sind Rundtafeln. Das keltische Kreuz ist von einem Ring umgeben. Manche Quellorte tellurischer Ströme haben Rundplätze um sich, die zu rituellen Reigentänzen gedient haben mögen, bei denen sich die Tänzer in den Weltrhythmen wiegten. Wie es scheint, gingen die Runden vom äußersten Ende des Kreises aus und näherten sich, je nachdem, wie die Rhythmen den Tänzer durchpulsten und ihn von sich selbst befreiten, allmählich dem Mittelpunkt. Auf gewissen *Ronds-de-Fées* findet man drei konzentrische Ringe. Wahrscheinlich gipfelte der Tanz für den in heilige Ekstase geratenen Tänzer in einem Tanzwirbel um das Zentrum. Der Tänzer vollzog die natürlichen Evolutionszyklen nach, verfolgte sie rückläufig bis zu ihrem Ursprung und tauchte, mehr träumend als bewußt, einen Moment in diesen ein. Man kann noch weiter gehen. Der tanzende Mensch, der sich um sich selbst dreht, überwindet das Gesetz des Raumes. Aber den Raum überwinden, heißt auch die Zeit überwinden. Wird der sich drehende Mensch bei entsprechender Vorbereitung nicht bis zu einem gewissen Grade hellsichtig? Ich denke auch an die Gabe der Prophetie, wie sie bei den Druidinnen auftrat, wenn sie sich in eine Art Wahnsinn hineingetanzt hatten, an David, der wahrsagend vor der Bundeslade hertanzte, an die tanzenden Derwische. Auch an den alten Brauch der österlichen Reigen in der Kathedrale von Chartres, die von dem Bischof selber angeführt wurden, sollten wir uns erinnern. Manche wollen darin eine Darstellung der Gestirnsbewegungen sehen. Aber suchte man nicht einfach einen Zustand des Außersichseins, der Durchlässigkeit, wenn man sich den natürlichen Rhythmen hingab? Vor dem Salomonischen Tempel ist die runde Tafel als das Eherne Meer dargestellt worden, als ein

Wasserbecken, dessen Proportionen, nach Abbé Moreux, in einem bestimmten Verhältnis zum Gewicht der Erde standen. In den Templerkirchen – und nicht nur dort – war die Rundtafel die heilige Mitte, über welcher der Altar stand.

Schwieriger ist die Deutung der quadratischen Tafel. Sie ist die *Quadratur* der runden Tafel, das Zeichen für ein Bewußtsein, das klärend, rationalisierend in das traumhaft-instinktive Wissen einzudringen vermag, die Tafel einer Einweihung durch den Intellekt. Ihre gebräuchlichste Darstellung ist das Schachbrett, auch das Tempelhüpfen, das zum Kinderspiel geworden ist, aber ursprünglich eine Zahlen-, eine Rechentafel darstellte. Auch die Pythagoreische Tafel, die mehr als eine Multiplikationstabelle ist, wäre hier zu nennen. Besonders charakteristisch aber für die quadratische Tafel ist das Schachbrett, welches Königin und Reiter in beliebigen Richtungen durchlaufen können – der Reiter, der *Cavalier*, auf dem Roß *(la cavale)*, der *cabale* (hebr. *gabbalah*), der Kenntnis. Die Felder, die der Reiter beim Spiel von einem Punkt aus erreichen kann, beschreiben auf dem karierten Brett einen *Kreis* mit dem Springer als Zentrum, während Türme und Läufer auf ihre Vertikal-Horizontal-Bahnen oder auf ihre Diagonalen beschränkt bleiben. Welch ein Hinweis! Wer nur sein Gehirn zu brauchen weiß, dem bleibt der Kosmos der Zahlen verschlossen – er kann nur die Ziffern erfassen. So ist, wer Noten addieren kann, durchaus noch kein Musiker; letzterer bedarf einer zumindest instinktiven Einweihung in die Naturgesetze der Harmonie. Die quadratische Tafel aber wird zur Falle, wenn sich der Verstand auf sich selbst versteift – wie der Läufer oder der Turm auf ihren Geraden – und seine eigenen Erfindungen als endgültig betrachtet. Die Quadratur des Kreises vollziehen, heißt: die instinktive Einweihung umwandeln in eine Einweihung des Bewußtseins, der Vernunft, der Tat und *monter la cavale, la cabale* (das Roß besteigen). Die quadratische Tafel ist nicht Tafel des Lebens, sondern der Ordnung, der Organisation. Sie vermittelt dabei eine wirkliche und wirklichkeitsgemäße Erkenntnis der Materie. Nach den Alten basiert die beste Organisation eines Gemeinwesens auf dem Prinzip der Vierheit, durch das die Menschen vier Kategorien oder Kasten zugeordnet werden: Der Bauer schafft Nahrung, der Soldat übernimmt die Verteidigung, der Handwerker die Umgestaltung, der Kaufmann die Verteilung. Jede Kaste wiederum bildet in sich eine dreistufige Pyramide aus: den Lehrling, den Gesellen und den Meister. Die Meister aller Kasten aber stellen die wahre Aristokratie der Weisen dar. Auch in der Pyramide und im Allerheiligsten des Tempels von Jerusalem finden wir die quadratische Tafel wieder. Vielleicht liegt sie auch Templerbauten zugrunde, denn der Orden wählte für Komtureien oder Festungen vielfach den quadratischen Grundriß. Oftmals wurde dann solchen Bauten eine Rundkirche hinzugefügt.

Die rechteckige Tafel ist die Tafel der Mystik, die Tafel der Offenbarung. Man kann sich ihr auf intellektuellem Wege nicht nähern; deshalb ist es sinnlos, ihr Wesen durch Erklärungen nahebringen zu wollen. Sie ist die Tafel des Abendmahls, die Opfertafel Gottes.

Ausgehend von dem Portal, das von den heute namenlosen Königen und Königinnen gehütet wird, reihen sich in der Kathedrale die Tafeln in der beschriebenen Folge aneinander. Die Ordnung der Tafeln entspricht dabei genau den drei symbolischen Geburten im bedeckten Gang der Druiden.

15

DIE ELLE VON CHARTRES

Nehmen wir nun unsere theoretische Meßschnur wieder zur
Hand und wenden sie noch einmal auf den Grundriß an! Eigentlich gibt es in der Kirche zwei Architektursysteme, die – untrennbar miteinander verbunden – einander überlagern: das eine wird
von Mauern und Pfeilern ausgefüllt, während das andere gewissermaßen aus der »Leere« des zwischen den Steinen befindlichen
Raumes besteht. Auch letzteres hat sein eigenes Maß, an das man
sich – weil schon die bloßen Zahlen zu sprechen vermögen – bald
herantastet.

Die Hauptmaße dieser »leeren« Kathedrale liegen – in Meter-
werten ausgedrückt – nahe den Zahlen 37, 74 und dem Zehntel
von 148, nämlich 14,8. D. h. der Chor ist etwa 37 m lang und
14,80 m breit. Das Hauptschiff ist bei gleicher Breite wie der
Chor von den Portalen bis zur Chorbasis etwa 74 m lang. Das
Hauptgewölbe hinwieder ist 37 m hoch. Auf diese Annäherungswerte (genaue Werte kann man ohnehin kaum ermitteln) läßt
sich durchaus eine Arbeitshypothese gründen. Das Hauptschiff
ist – von den Portalen bis zur Chorbasis gemessen – doppelt so
lang wie der Chor; die Gesamtlänge des Mittelschiffes vom inneren Chorabschluß bis zu den Portalen beträgt, nach Merlet,
110,76 m. Teilt man diesen Wert durch drei, so erhält man
36,92 m. Die Entfernung zwischen den einander gegenüberlie-

genden Pfeilern des Mittelschiffes (ohne die Dienste) beträgt wie die Breite des Chors 14,78 m, das ist fast genau das Vierfache von 3,69 m. Es scheint also, daß man ein Maß von etwa 0,369 m verwendet hat. Wahrscheinlicher ist aber, daß eine Maßeinheit doppelter Länge, nämlich von 0,738 m, zugrunde gelegt worden ist, die bei den Vermessungen des Geländes ohnehin leichter zu handhaben war. In Ermangelung eines anderen Ausdrucks nennen wir *diese* Maßeinheit die *Elle von Chartres.*

Bei der Umrechnung der Meterwerte in Ellen ergeben sich nun für

die Chorbreite:	20 Ellen,
die Chorlänge:	50 Ellen,
die Länge des Schiffes:	100 Ellen,
die Länge des Querschiffes:	90 Ellen[1],
die Höhe des Gewölbes:	50 Ellen.

Die Elle ist außerdem enthalten in der Dicke der oktogonalen Pfeiler (zweimal), in der Breite der Türme (zwanzigmal), im Konstruktionsradius der Rundkapellen in der Chorapsis (fünfmal) usf. Kann man angesichts dieser geradezu systematischen Anwendung von Zufall sprechen?

Was für eine Bewandtnis hat es nun mit dieser Elle? Die Antwort ist einfach: Sie ist gleich dem Hunderttausendstel der Breite von Chartres[2]! Das ist nicht meine Erfindung, sondern das Ergebnis einer simplen trigonometrischen Rechnung, die auf unserem

[1] Anm. d. Übers.: Nach Étienne Houvet beträgt die Länge des Querschiffes 64,50 m, das ergäbe 87,45 »Ellen«.

[2] Anm. d. Übers.: Gemeint ist der Abstand zweier Meridiane für die geographische Breite von Chartres (etwa 48°26'). Wie man auf jeder guten Karte nachprüfen kann, beträgt dieser Abstand tatsächlich ungefähr 73,8 km. Die »Elle von Chartres« ist also gleich $\frac{73\,800}{100\,000}$ m = 0,738 m.

Andererseits ergibt die trigonometrische Berechnung, daß der Abstand zwischen der lotrechten Projektion der 48. und der zu ihr parallelen des 49. Breitenkreises auf die Nordsüdachse der Erde ebenfalls ungefähr 73,8 km beträgt, die »Elle von Chartres« also auch in diesem Falle etwa den hunderttausendsten Teil darstellt. Die Anwendung solcher »Erdmaße« setzt ein Wissen um die genaue Kugelgestalt der Erde voraus. Die Gradeinteilung des Vollkreises in 360° begegnet schon im alten Babylonien.

heutigen Wissen von der Größe des Erdradius und der geographischen Breite eines Ortes beruht (für Chartres auf der Karte 1 : 25 000 des Institut National de Géographie ablesbar). Handelt es sich um einen Zufall? Es wäre nicht der einzige.

Auch andere Bauwerke tragen das Signum der Bauhütte von Chartres (worauf ich noch eingehen werde). Zu ihnen zählen die Kathedralen von Reims und Amiens, Kirchen, die glücklicherweise noch nicht durch Restaurateure oder Leute, die alles nach dem Tagesgeschmack ummodeln müssen, verdorben worden sind[1]. Leider hatte ich nicht Gelegenheit, mich eingehender mit diesen Bauwerken zu befassen. Nach den Angaben, die mir zugänglich waren, konnte ich aber folgendes feststellen: Reims liegt 49° 14′ nördlicher Breite, das bedeutet etwa 71 km.[2] Die Elle von Reims müßte also 0,71 m betragen. Und wirklich: Die Kathedrale von Reims ist 142 m lang, während die Länge des Querschiffs ziemlich genau beim geometrischen Mittel von 71 m und 35,5 m liegt. Amiens dagegen hat die Breite 49°52′. Das ergäbe nach gleicher Rechnung etwa 0,70 m. Tatsächlich beträgt die Höhe des Gewölbes sechzigmal 0,70 m und die Länge des Querschiffs hundertmal 0,70 m. Ich weiß, es ist für manche Zeitgenossen hart, wenn ihnen plötzlich die schöne Illusion zerstört wird, sie erst hätten den Mond entdeckt, ihre Urväter aber hätten ihn, das Auge starr auf die Erde geheftet, auf der Suche nach ihren Feuersteinen schlechtweg übersehen. Man muß sich dennoch fragen, ob nicht die Erbauer von Chartres die Erde und ihre Kugelgestalt so genau gekannt haben, daß sie imstande waren, für den Bau der Kathedrale das passende, das der Lage des Platzes entsprechende Maß zu wählen, das Maß, in welchem die Harmonie des Bauwerks zusammenklingen konnte mit dem Gesetz des irdischen Ortes, auf dem es errichtet wurde.

Zwei Möglichkeiten kommen in Frage. Wenn zu jener Zeit die Meßinstrumente unvollkommen und ungenau waren, so hat der

---

[1] Anm. d. Übers.: Dies trifft freilich für Reims weit mehr als für Amiens zu.
[2] Anm. d. Übers.: Der Kilometerwert bezieht sich auch hier auf den Abstand der Meridiane.

Mensch doch über empfindliche Wahrnehmungsorgane verfügen können, durch die ihm Kenntnisse zuströmten, auch wenn die moderne Wissenschaft sich entschlossen hat, derartiges zu ignorieren. Warum sollte ein frommer Baumeister nicht über die Begabung verfügen, für seinen Bau das zum Bauort stimmende Einheitsmaß aufzufinden, einem Musiker vergleichbar, der einen Akkord intuitiv ergänzt! Kenntnisse mögen eingegeben oder schulmäßig übermittelt sein: im Resultat sind sie einander gleich. Die andere Möglichkeit wäre, daß diejenigen, durch die die Kathedrale ins Werk gesetzt wurde, über den Templerorden in den Besitz des Schlüssels gelangt waren, mit dessen Hilfe verborgenes Wissen erschlossen werden konnte, ein Wissen, das zwar nicht verlorengegangen war, aber geheimgehalten wurde: *Archa cederis* (du wirst wirken durch die Lade).

Man wird mir vermutlich entgegenhalten, daß der Umrechnungswert des Breitengrades von Chartres nicht 73,80 km, sondern eher 73,699 km betrage; doch ist die zweite Zahl auch nicht exakt, da wir nur Annäherungswerte an den Erdradius kennen und die tatsächliche Gestalt der Erde nicht völlig genau bestimmen können. Andererseits sind die Vermessungen der Kathedrale nicht millimetergenau, und auch die Vermesser weichen in Einzelheiten voneinander ab. Mit großer Wahrscheinlichkeit war das tatsächliche Grundmaß von Chartres nicht genau 0,738 m, aber doch diesem Werte sehr nahe.

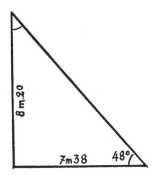

Es gibt noch andere Zusammenfälle, die merkwürdig genug sind. Die Größe nämlich, die bei der Abgrenzung des Grundrisses maßgebend war (0,82 m) und die Elle von Chartres (0,738 m) stehen in erstaunlichem Zusammenhang: Ein rechteckiges Dreieck, dessen einer Winkel 48° beträgt, weist (als Schenkel des rechten Winkels) Seiten auf, deren Verhältnis 0,82 : 0,738 ist. Auch Chartres liegt bei etwa 48° nördlicher Breite[1]. In den beiden Maßen von Chartres findet sich also dieselbe Proportion, in welcher der Radius des Breitenkreises und dessen Abstand von der Äquatorebene zueinander stehen.

Weniger erstaunlich ist die folgende Tatsache: Der Grundwasserspiegel des keltischen Brunnens liegt ungefähr 30 bis 32 m unter dem Fußboden der Krypta, d. h. etwa 37 m unter dem Fußboden des Chors. 37 m *über* dem Chorfußboden aber schließt das *Gewölbe* den Raum. Das Wasser in der Tiefe und das Gewölbe in der Höhe stimmen also zusammen. Diese Tatsache gewinnt an Bedeutung, wenn man die Kathedrale als ein Musikinstrument betrachtet, das über dem unterirdischen Wasserstrom erbaut ist und die von ihm ausgehenden Wirkungen verstärkt. Wie jedes Instrument braucht auch die Kathedrale einen Resonanzkasten, einen leeren Raum. Die ganze Kunst des Baumeisters galt dem musikalischen Zusammenklang zwischen dieser Leere und dem ihr in Qualität, Volumen und Spannung zugeschaffenen Steingehäuse, das dem leeren Raum seine Form verlieh. Eine Untersuchung der Kathedrale unter diesem Gesichtswinkel wäre lohnende Aufgabe eines Instrumentenbauers. Man hat übrigens festgestellt, daß gewisse Höhenverhältnisse – vom Boden aus gesehen – den Intervallen der Tonleiter entsprechen, so daß man in ihnen die von Platon so geschätzten Medietäten[2] wiederfinden kann. Diese Proportionen sind im Aufriß klar markiert.

Normalerweise orientierte sich der Plan des leeren Resonanz-

---

[1] Anm. d. Übers.: Da die Polhöhe eines Ortes gleich seiner geographischen Breite ist, brauchte man nur den Winkel des Polarsterns mittels eines Quadranten zu bestimmen, um auf den Winkel von 48° zu kommen.

[2] Anm. d. Übers.: Das arithmetische und harmonische Mittel.

raumes, der dem Gesamtbauplan eingefügt war, an drei anderen Tafeln, die in harmonischer Beziehung zu den Maßzahlen des Leerraums standen. In den großen Kirchen des 12. und 13. Jahrhunderts waren diese Tafeln auf dem Pflaster des Fußbodens eigens markiert; leider sind sie heute fast ganz verschwunden. Meines Wissens ist uns keine rechteckige Tafel erhalten. In Chartres muß ihr Umriß auf dem fehlenden Bodenbelag des Chores angegeben gewesen sein. Es ist möglich, daß der ursprüngliche Altar auf ihrem zentralen Punkt, der zugleich das heilige Zentrum bezeichnete, gestanden hat. Von den quadratischen Tafeln, die sich meist auf der Vierung befunden haben, ist, wie es scheint, nur noch die der Kathedrale von Amiens erhalten; vermutlich ist sie bei Erneuerung des gesamten Fliesenbelags der Orginaltafel nachgebildet worden. Wie in Amiens muß sich auch die Tafel von Chartres auf der Vierung befunden und die gleiche Länge gehabt haben wie die schon besprochene Bautafel: ihre Diagonale hat dann auf der Achse der Kathedrale gelegen. Rundtafeln sind mehrere erhalten, darunter die von Amiens und von Chartres. Letztere befindet sich im Hauptschiff und stellt ein aus schwarzen und weißen Fliesen gelegtes kreisförmiges *Labyrinth* dar, dessen Weg von außen nach innen führt und im Zentrum auf einer großen weißen Fliese endet. Alles, was wir von der Kathedrale und der engen Verbindung ihrer Bauelemente in Erfahrung gebracht haben, berechtigt zu der Annahme, daß auch die drei Tafeln in bestimmten Maßverhältnissen zueinander gestanden haben. Leider besitzen die Tafeln von Amiens nicht mehr ihre ursprünglichen Ausmaße; wollte man dennoch ihre Proportionen bestimmen, müßte man sich auf Hypothesen stützen, deren Wert vielleicht mehr in ihrer Scharfsinnigkeit als in ihrer Brauchbarkeit bestünde.

Nun ist die Legende von den drei Tafeln auch in anderer Gestalt auf uns gekommen. In dieser wird gesagt: *Drei Tafeln tragen den Gral. Die erste ist rund, die zweite quadratisch, die dritte rechteckig. Sie haben den gleichen Umfang, und ihre Zahl ist 21.* Deutlich handelt es sich auch hier um ein Geheimnis der

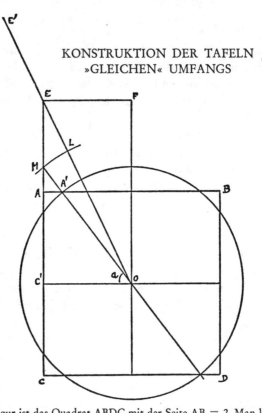

Ausgangsfigur ist das Quadrat ABDC mit der Seite AB = 2. Man konstruiert das Rechteck C′EFO, dessen Breite 1, dessen Länge 2 beträgt. Seine Diagonale OE ist dann $\sqrt{5}$. Nun verlängert man diese Diagonale um die Strecke OE′ = EF. Die Strecke OE′ ist dann $\sqrt{5}+1$. Halbiert man sie, so erhält man OL = $\dfrac{\sqrt{5}+1}{2}$ = 1,618, die Zahl des Goldenen Schnittes. Der Kreisbogen um O mit dem Radius OL schneidet die Rechteckseite C′E in M. Die Strecke OM wiederum schneidet die Quadratseite AB in A′. A′O ist nun der Radius des Kreises, dessen Umfang annähernd gleich ist dem Umfang des Quadrates ABDC. Der Zahlenwert des Radius A′O = MC′ beträgt $\sqrt{1,618}$ = 1,272. Der Winkel α mißt 51°50′; es ist dasselbe Winkelmaß, das angeblich die Böschungswinkel der nicht ganz symmetrischen Cheopspyramide besitzen. Der Durchmesser des Labyrinthes wird zahlenmäßig mit 12,87 m verzeichnet; läßt man aber den umgebenden Zierkranz weg, so sind es nur noch 12,30 m, was einen Umfang von 38,64 m ergibt. Dem entspräche eine quadratische Tafel mit der Seite 9,66 m und der Diagonale 13,66 m und eine rechteckige Tafel mit 7,38 m auf 11,94 m, wenn man das Verhältnis des Goldenen Schnittes für die Seiten ansetzt. 7,38 m aber ist das Zehnfache der Chartreser Elle von 0,738 m.

Baumeister, die auf die eine oder die andere Weise um eine Lösung gewußt haben. Daß es sich nicht um eine Spielerei handelt, zeigt die Erwähnung des Grals. Das Berufsgeheimnis bezog sich auf Bereiche, die normalerweise nur Eingeweihten vorbehalten waren, so daß seine Anwendung – und zwar besonders in Chartres – im Sinne einer Einweihung zu wirken vermochte. Man darf ja niemals vergessen, daß die Kathedrale für *Menschen* erbaut worden ist, daß sie auf Menschen wirken soll und nach den Worten Bernhards ein *Mittel* darstellt.

Die Tatsache, daß die runde Tafel von Chartres einen *Weg* bezeichnet, macht deutlich, daß die Tafeln der zweiten Ordnung in *Längen* – und nicht in Oberflächen – ausgedrückt wurden. Dagegen kam es auf das Flächenverhältnis an, wenn es sich darum handelte, die Grundfläche des Bauwerks zu ermitteln, die zu umbauen war. Es ist deshalb nur folgerichtig, anzunehmen, daß die zweite Version der Legende, die vom Umfang spricht, sich auf die Tafeln der zweiten Ordnung bezieht. In welchem Verhältnis dabei die Tafeln gleicher Oberfläche zu den Tafeln gleichen Umfangs standen, war mir nicht vergönnt zu ermitteln.

Es fällt auf, daß die Tafeln durchweg auf der Achse der Kathedrale liegen: die runde Tafel im Kirchenschiff, die quadratische Tafel auf der Vierung, die rechteckige Tafel im Chor. Sie liegen also auf freien, unverbauten Stellen, die von Menschen mühelos begangen werden können; alle befinden sich unter dem Hauptgewölbe. Chartres besitzt nur seine runde Tafel, das Labyrinth. Dabei ist zu beachten, daß die Diagonale eines Quadrates, das den gleichen Umfang wie das Labyrinth hat, etwa der Vierungsbreite entspricht. Dagegen wiese eine rechteckige Tafel mit den Seitenverhältnissen 2:1 und dem Umfang des Labyrinthes, wenn ihr Mittelpunkt im heiligen Zentrum läge, eine Seite auf, die ziemlich genau mit der alten Lettnergrenze übereinstimmte.

Für die Quadratur eines Kreises gleichen Umfanges mit dem Quadrat gibt es bekanntlich verschiedene Annäherungslösungen. Ein Lösungsweg geht vom Siebenstern aus. Ein anderer Weg wird von der Überlieferung die *esoterische* Lösung der Quadratur des

Kreises genannt. Sie beruht auf einer analytischen Projektion der Cheopspyramide (allerdings einer idealen Cheopspyramide, denn der heutigen fehlt der ursprüngliche Überzug). Eine dritte Lösung geht vom Goldenen Schnitt aus, der – wie wir das beim Rechteck mit den Seitenverhältnissen 2:1 gesehen haben – geometrisch konstruierbar ist. Der Radius eines Kreises, dessen Umfang »gleich« ist dem Umfang eines Quadrates, wäre dann gleich der Hälfte der Quadratseite, die mit der Wurzel aus der Zahl des Goldenen Schnittes $\sqrt{1,618} = 1,272$ multipliziert wird. Wir erhalten dasselbe Ergebnis wie bei der sogenannten esoterischen Lösung.

Jede Äußerung über die Beziehung zwischen dem Labyrinth und der quadratischen Tafel muß sich natürlich zum guten Teil auf Vermutungen stützen, da heute auf der Vierung vom ehemaligen Fußbodenbelag und von der darauf markierten Tafel nichts mehr zu sehen ist.

16

DAS GEHEIMNIS DER MUSIK

Damit die erforderliche Höhe von 37 m erreicht werden konnte, mußte – der Harmonie gemäß, die durch den Grundriß vorgegeben war – das breiteste gotische Gewölbe aufgeführt werden, das es jemals gegeben hat. Deutlich hat der Baumeister den vertikalen Aufschwung durch vier horizontal verlaufende Stufen unterbrochen, die von schmalen Gesimsen markiert werden. Vom Fußboden bis zum Gewölbeansatz überlagern sich vier Etagen in fortschreitender Verjüngung. Oben scheint sich das Gewölbe – lediglich von hohen Fenstern durchbrochen – allein auf schwachen, steinernen Diensten zu halten, denn das Strebewerk, das die eigentliche Stützfunktion ausübt, ist außerhalb des Gebäudes verankert.

Zuunterst befinden sich die massiven Pfeilerschäfte von wechselweiser runder oder achteckiger Gestalt; sie sind von vier runden oder oktogonalen Diensten umgeben, wobei sich runde Dienste an die oktogonalen Pfeiler und oktogonale Dienste an die runden Pfeiler lehnen. Alle Pfeiler werden von Kapitellen gekrönt, den Ausgangspunkten für die Arkadenrippen und die Gewölbespitzbogen der Seitenschiffe. Die Höhen dieser Kapitelle bezeichnen die erste horizontale Stufe. Darüber markiert auf der Höhe der Basis des Triforiums ein schmales Mauerband die zweite Horizontale. Ein drittes Gesims über den Arkaden des Triforiums bezeichnet die Basis der großen lanzettförmigen Zwillingsfenster. Endlich wird der Ansatz des Hauptgewölbes durch die Verbindungslinie der kleinen Kapitelle gegeben, die die vierte Horizontale markieren.

Was den Chor betrifft, so können die Höhen der Horizontallinien über dem Chorboden nur annähernd bestimmt werden, weil das Niveau der ursprünglichen Pflasterung nicht bekannt ist (der Fußboden des Chors ist erneuert worden). Es gäbe hier keine Höhenberechnung mit dem Anspruch auf Gültigkeit, wenn nicht die Annäherungswerte den Schluß zuließen, daß das verwendete Maß die Halbelle von Chartres war, nämlich 0,369 m. Die Tatsache, daß wir es nur mit ganzzahligen Vielfachen dieses Einheitsmaßes zu tun haben, verleiht der Berechnung der ursprünglichen Pflasterhöhe einen Grad von Wahrscheinlichkeit, der bei Übertragung der Größenwerte in ein modernes Maßsystem unmöglich wäre.

Die höchste Stufe, die durch die kleinen Kapitelle am Gewölbeansatz bezeichnet wird, befindet sich etwa 25,50 m über dem Kirchenboden. Wenn man auf dem Aufriß den diese Stufe bezeichnenden Punkt mit der gegenüberliegenden Ecke auf der Basis des Kirchenbodens verbindet, erhält man ein rechtwinkliges Dreieck, dessen eine Kathete – die Breite des Hauptschiffs – 14,78 m, dessen andere etwa 25,50 m beträgt. Für die Hypothenuse läßt sich ein Wert von etwa 29,50 m berechnen. Nun ergibt die Verdoppelung von 14,78 m einen Wert von 29,56 m. Man darf also als eine erste Hypothese voraussetzen, daß diese Hypothenuse tatsächlich 29,56 m beträgt, was sie – bei der Übertragung der geometrischen Verhältnisse auf Tonfrequenzen – zur *Oktave* der Kirchenbasislinie von 14,78 m macht. Die kleinen Kapitelle am Gewölbeansatz müßten sich also in einer Höhe von nicht 25,50 m sondern 25,56 m befinden.

In Halbellen von Chartres ausgedrückt, ergeben sich für die Kirchenbasislinie 40 Halbellen und für die Hypothenuse 80 Halbellen. Ein einfacher Riß auf dem Boden, konstruiert mit Maß und Seil, hat die Höhe der Kapitelle am Gewölbeansatz bestimmt. Die Konstruktion fußt auf dem *göttlichen Dreieck* Platons, dem rechtwinkligen Dreieck, das der Hälfte eines gleichseitigen Dreiecks gleich ist und zur Bestimmung der Medietäten geführt hat.

Das arithmetische Mittel von 40 und 80 beträgt $\frac{40 + 80}{2} = 60$. Harmonikal entspricht diese Zahl dem Intervall der Quinte zwischen den Oktavzahlen 40 und 80. Dagegen ergibt ein rechtwinkliges Dreieck mit der Hypothenuse von 60 und einer Kathete von 40 Halbellen eine zweite Kathete von $\sqrt{60^2 - 40^2} = \sqrt{2000} = 44,72$. Nun sind 44,72 Halbellen gleich 16,50 m. 16,50 m aber beträgt die Höhe der zweiten Horizontallinie, die an der Basis des Triforiums verläuft. Oktave und Quinte – Veranlassung genug, die anderen Intervalle der Tonleiter ebenfalls aufzusuchen!

Bekanntlich bilden die Tonzahlen für die Intervalle einer Tonleiter einfache und ganzzahlige Verhältnisse. Bezogen auf die Basis der Prim ergeben sich für eine Molltonleiter die folgenden Proportionen:

Sekunde	9/8
Mollterz	6/5
Quarte[1]	27/20
Quinte	3/2
Sexte	8/5
Septime	9/5
Oktave	2/1

Ausgehend von der Kirchenbasislinie von 40 Halbellen als dem Wert für den Primton erhalten wir dann:

Sekunde	40 ×	9/8	= 45	(16,60 m)
Mollterz	40 ×	6/5	= 48	(17,71 m)
Quarte	40 ×	27/20	= 54	(19,92 m)
Quinte	40 ×	3/2	= 60	(22,14 m)
Sexte	40 ×	8/5	= 64	(23,61 m)
Septime	40 ×	9/5	= 72	(25,56 m)

[1] Anm. d. Übers.: Man beachte die leichte Verschiebung gegenüber der reinen Quarte 4/3.

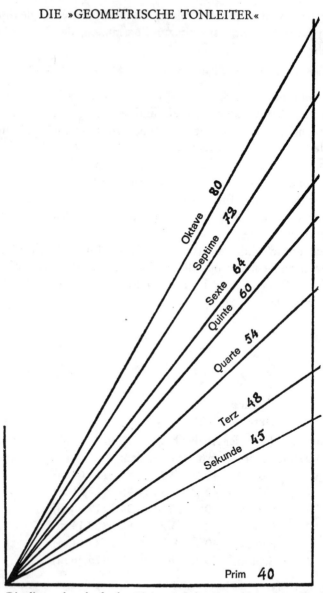

Die diagonal verlaufenden Linien sind den Tonzahlen proportional.

Betrachtet man nun diese Größen als Hypothenusen recht-
winkliger Dreiecke, deren eine Kathete gleichbleibend der Kirchenbasislinie entspricht, so erhalten wir für die Schnittpunkte
der Hypothenusen mit der Mittelschiffwand folgende Höhen-
werte:

Sekunde	(45)	20,612	(7,60 m)
Mollterz	(48)	26,536	(9,79 m)
Quarte	(54)	36,276	(13,38 m)
Quinte	(60)	44,721	(16,50 m)
Sexte	(64)	49,960	(18,43 m)
Septime	(72)	59,866	(22,09 m)

Im Chor beträgt die Höhe der Kapitelle 9,79 m; sie korrespondiert (über die Hypothenuse des Rechtecks) mit der *Terz*. Die
Höhe des Gesimses unter dem Triforium beträgt 16,50 m; sie
korrespondiert mit der *Quinte*. Die Höhe der Kapitelle am Gewölbeansatz beträgt 25,56 m; sie korrespondiert mit der *Oktave*.
Für die Sekunde scheint es keine architektonische Entsprechung
zu geben. Möglicherweise besteht eine Beziehung zwischen der
Höhe des Schlußsteins (37 m) und der *Quarte*[1]. Zweifel bestehen
über das Gesims, das unter der Basis der hohen Fenster verläuft.
Kein Autor, kein Aufriß geben genaue Werte an über seine Höhe.
Es scheint aber, daß der Baumeister, anstatt das Molltonleiter-
intervall 9/5 für die Septime zu verwenden, das Intervall von 7/4
benutzt hat, das sich aus der Obertonreihe ergibt. Aufgrund von
Messungen und Rechnungen ist wahrscheinlich, daß die verwendete Größe 40 × 7/4 = 70 Halbellen (= 25,83 m) betragen hat,
woraus sich eine Höhe des Mauerkranzes von 57,446 Halbellen
(= 21,19 m) ergibt. Wenn die Rechnung auch ein wenig kompli-
ziert erscheint, so ist die geometrische Konstruktion doch denkbar
einfach und kann ohne weiteres mit Seil und Maß ausgeführt
werden; es ist nämlich nur nötig, einfache Maße in der Folge 40,
48, 60, 70 und 80 zu addieren.

[1] Anm. d. Übers.: Die Korrespondenz ergäbe sich auch hier über die Hypothenuse des Dreiecks. Deren Größenwert 108 steht zur Tonzahl 40 im Verhältnis der Undezime, d. i. die 27/20-Quart über der Oktave.

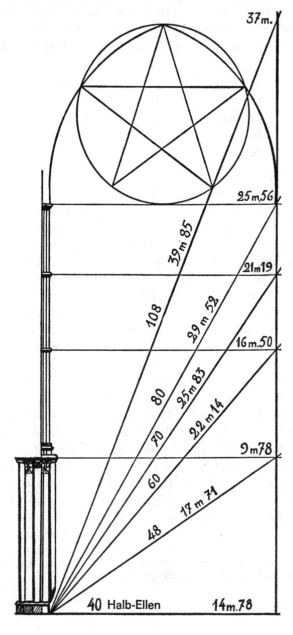

37 m.

25 m. 56

39 m 85

21 m 19

108

29 m 52

16 m. 50

80

25 m 83

70

22 m 14

9 m 78

60

17 m 71

48

40 Halb-Ellen   14 m. 78

Pater Bescond von Saint-Vandrille schreibt mir über den musikalischen Aufriß der Kathedrale: »Ich glaube die Lösung des harmonischen Problems gefunden zu haben. Die Tonleiter ist weder eine Dur- noch eine Molltonleiter; sie ist die sogenannte erste gregorianische Tonleiter, basierend auf dem RE. Haupttöne dieser Tonleiter sind RE – FA – LA.

Die Verteilung der Töne begründet für das Hauptschiff und den Chor bis zum Gewölbe: RE – FA (erste Terz, harmonisches Moll, 6/5), FA – LA (zweite Terz, harmonisches Dur, 5/4 – dieses LA ist um ein Komma erniedrigt), LA – DO (dritte Terz, genannt sehr kleine Terz, 7/6 – das DO ist übererniedrigt). Das sind *drei* verschiedene *Terzen* (3 × 3, heilige Zahlen!). Das Intervall RE-DO ist *die* harmonische Septime 7/4. Das ist auch dieselbe harmonische Septime (7, eine heilige Zahl!), die als Oberton über dem Grundton RE entsteht (RE³ hat als harmonische Obertöne: RE⁴, LA⁴, RE⁵, FA♯⁵, LA⁵, DO⁶). Die drei Terzen und die Septime werden von der Oktave gekrönt (wieder eine heilige Zahl!). Wenn man das SOL (+27/20) in diese Tonleiter einfügt, so teilt es die Terz FA – LA in zwei ungleiche Sekundintervalle: die größere Sekunde FA – SOL = 9/8, die kleinere Sekunde SOL – LA = 10/9, so daß man, wenn man alle harmonischen Verhältnisse dieser Tonleiter in eine Reihe bringt, Folgendes erhält:

10/9	9/8	8/7	7/6	6/5
SOL–LA	FA–SOL	DO–RE	LA–DO	RE–FA

5/4	4/3	3/2	2/1	
FA–LA	LA–RE⁴	RE³–LA	RE³–RE⁴	

Schließlich sind die projizierten Maße 40, 70, 80 heilige Zahlen, und 4×12 = 48 und 5×12 = 60 sind ebenfalls heilige Zahlen.

Gewiß, der Platz des DO ist ziemlich ungewöhnlich und scheint im Gesang niemals verwendet worden zu sein. Doch erscheint dieser Ton in der Musiktheorie von Safi-ud-Din (türkischer Derwisch, der gegen 1250 auf arabisch geschrieben hat, was gegenüber Chartres verspätet ist; aber er hat die harmonische Septime nicht *erfunden,* er ist der erste Zeuge zu ihrer Ehrenrettung, sie hatte also schon Bürgerrecht in der Tradition seiner Zeit erworben).

Dann das Gewölbe! Es ist über der Quart konstruiert (4 ist die mystische Zahl des Menschen, im Gegensatz zur 3, der mystischen Zahl Gottes!) und über dem Fünfstern (das gleiche Symbol!). Diese Quart 27/20 ist nicht die normale Quart 4/3, sie liegt etwas höher und wird die *verstärkte Quart* genannt. Mit dem LA zusammen ergibt sie eine Septime, die anders ist als RE-DO, nämlich die *strahlende* Septime 9/5.

Man könnte nicht aufhören, die harmonischen Beziehungen zwischen den verschiedenen Maßen zu unterstreichen. Alle hängen miteinander zusammen, alle ergeben einfache Proportionen, und nicht zwei sind einander gleich!«

Da die Höhenmaße von verschiedenen Autoren recht unterschiedlich angegeben werden, muß man sich dafür offenhalten, daß auch eine andere Tonleiter gemeint sein kann, was die Beziehung der Rationen – mit Ausnahme der unveränderlichen Werte für die Sekunde, die Quinte und die Oktave – umstürzen würde.

Nun folgt aber, daß der Höhenaufbau der Kathedrale, der durch die horizontalen Stufungen markiert wird, in Harmonie mit der Breite des Mittelschiffes steht; diese Breite wiederum ist harmonisch dem Grundriß und seinen Ausmaßen eingefügt. Zwischen dem Grundriß und dem Ort Chartres aber besteht ebenfalls eine harmonische Beziehung (man denke an den Grundwasserspiegel und an die Ausmaße des Hügels). Hinzu kommt das Verhältnis der Elle zum Breitengrad von Chartres. Selbst die Geschwindigkeit, mit welcher sich dieser Ort bei der Drehung der Erde auf der Erdrinde mitbewegt, steht in deutlicher Beziehung zu den Maßen der Kathedrale, denn die durchlaufene Entfernung in einer Stunde beträgt 1107 km, während das Hauptschiff 110,70 m lang ist.

Auch das Gewölbe nimmt an der harmonischen Entwicklung des Ganzen teil. Mehr noch, sein Bogen enthält den Hinweis auf den *Menschen*. Es ist tatsächlich über den Seiten des Fünfsterns konstruiert, welcher dem Kreis einbeschrieben ist, der die Höhe des Gewölbes – von dessen Ansatz bis zum Schlußstein – zum Durchmesser hat. Setzt man die »geometrische Tonleiter«, die durch die Höhen der Horizontallinien angegeben ist, nach oben fort, so kommt man zu einer Leiter, die gegenüber der ersten die nächsthöhere ist, deren Basistonzahl von 80 Maß doppelt so groß wäre wie die der ersten und ihre Oktave darstellte. In dieser neuen Leiter beträgt

die Sekunde	$80 \times 9/8$	$= 90$
die Durterz	$80 \times 5/4$	$= 100$
die Quarte	$80 \times 27/20$	$= 108.$

In einem rechtwinkligen Dreieck, dessen Hypothenuse gleich 108 und dessen kleinere Seite gleich 40 ist, beträgt die größere Seite, hier also die Höhe, $\sqrt{108^2 - 40^2} = 100{,}32$ (37,018 m), das ist ungefähr die Höhe des Gewölbes. Diese Hypothenuse schneidet – wofür wir den Beweis leider schuldig bleiben müssen – den Kreis, der den Fünfstern umschreibt, in einer der unteren Sternspitzen, und zwar in dem Punkt, der genau einer der Konstruktionspunkte des Gewölbes ist, nämlich im Zentrum des Kreises, dessen Bogen den gegenüberliegenden Halbbogen des Gewölbes bezeichnet.

Auf solche Weise findet der Mensch sein eigenes Wesen in den harmonischen Formgesetzen der Kathedrale wieder, ja, sofern Harmonie in der Kathedrale materielle Gestalt gewann, findet er *sich* in *ihr* inkorporiert. Man versteht vielleicht, warum wir von der Kathedrale als von einem Instrument gesprochen haben, das auf den Menschen zu *wirken* vermag, zu wirken im Sinne einer Einweihung, die man – ohne einer leeren Phrase zu verfallen – getrost *theosophisch* nennen kann.

17

DAS GEHEIMNIS DES LICHTES

Wir begeben uns jetzt auf ein Gebiet, das von der alten Wissenschaft besonders geheimgehalten worden ist, und über das wir bis auf den heutigen Tag wenig wissen: es ist dies die Kunst des gotischen Glasfensters, das Licht in der Kathedrale. Es war Robert Grossetête (1175–1253), der gesagt hat, daß die Schönheit des Lichtes aus der *Einfachheit hervorgehe, durch die das Licht mit der Musik im Einklang stehe, harmonisch durch die Ration der Gleichheit mit ihr verbunden.*

Das gotische Glasfenster, das immer unerklärt und unerklärbar blieb, gab es nur während der kurzen Zeitspanne der hohen Gotik. Indem es das Licht bändigte und ihm zugleich diente, wirkte es weniger durch die Farbe des Glases als durch eine gewisse, nicht analysierbare Qualität der Farbe und des Glases. Dieses Glas reagiert auf das Licht nicht wie normales Fensterglas; es scheint zum Edelstein zu werden, der das Licht nicht völlig durchläßt, sondern selber leuchtend wird. Selbst unter der ungehemmten und brutalen Einwirkung der Sonne projiziert das Glasfenster nicht – wie es gefärbtes Glas tut – seine Farbe auf den Boden, sondern läßt nur eine diffuse Helligkeit durchscheinen. Von der Stärke oder Trübung des Tageslichtes unabhängig, leuchtet es in der Dämmerung nicht schwächer als am hohen Mittag.

Meines Wissens hat keine chemische Analyse das Geheimnis des gotischen Fensters zu erklären vermocht. Man hat behauptet, daß diese beispiellose Leuchtkraft der Farben durch den Einfluß der Witterung hervorgerufen sei und auf äußerer Irisation beruhe. Das ist ganz offensichtlich falsch, denn Fenster des 14. Jahrhunderts, die vom Wetter ebenso angegriffen worden sind, deren Außenseite nicht anders in den Regenbogenfarben spielt wie die der Fenster des 12. und 13. Jahrhunderts, zeigen diese Qualität nicht. Wie die Gotik taucht das echte Glas im ersten Viertel des 12. Jahrhunderts plötzlich auf und verschwindet ebenso plötzlich gegen die Mitte des 13. Jahrhunderts. Zurück bleibt nur eine gewisse Virtuosität des Stils: der *Baumeister* drückte sich im Stein aus, nicht mehr der Logos. So konnte auch ein Glasmacher dieser Zeit das Glas mit größtem Geschick bemalen und hatte doch nur bemaltes Glas. Das leuchtende Fenster und die echte Gotik hängen untrennbar miteinander zusammen. Wie die Gotik beruht auch das Glasfenster auf einer eigenen Wissenschaft: es ist ein Werk der *Alchimie*.

Der heutige Konformismus betrachtet die Alchimie mit einiger Herablassung als eine Primitivchemie, die noch in den Kinderschuhen steckte. In Wirklichkeit aber hat man völlig unzulängliche Begriffe von ihr, weil ihr Wissen, um es gegen Profanisierung zu schützen, geheimgehalten wurde. Ein äußerlich betriebenes Studium hätte ohnehin nicht ausgereicht, in den komplexen philosophischen Charakter dieser Wissenschaft einzudringen. Die Chemiker, die das farbige Glas von Chartres herstellten, waren keine Laborlehrlinge. Übrigens ist das Ergebnis ihrer Wissenschaft allgemein zugänglich – es ist *sichtbar*.

Die Glasfenster bezeugen die Umwandlung der Materie im Feuer der Erde und im Feuer des Himmels: vom Grünen zum Schwarzen, vom Schwarzen zum Weißen, vom Weißen zum Blauen, vom Blauen zum Purpur und vom Purpur zum Golde. Nach der hermetischen Wissenschaft sind die Farben dieser Gläser dieselben, die sich während der Elaboration des Großen Werkes offenbaren. Man höre, was ein Hermetiker des 16. Jahrhunderts (Sancelrin Torangeau) darüber schreibt: *Unser Stein hat noch zwei überraschende Tugenden: die erste betrifft das Glas, dem sie im Innern alle Arten von Farben verleiht* wie den Gläsern der Sainte-Chapelle in Paris und der Kirchen von Saint-Gatien und von Saint-Martin in der Stadt Tours.

Das echte Fensterglas erscheint in Persien im 11. Jahrhundert. Dort geht es aus den Laboratorien einiger persischer Adepten hervor, unter denen man den Mathematiker und Philosophen Omar Khayyam nennen muß. Im Abendland erscheint es mit der Gotik im ersten Viertel des 12. Jahrhunderts, und es gibt alle Ursache zu vermuten, daß beide gleichen Ursprungs sind. Sie entstammen jenen Dokumenten des Wissens, die die ersten neun Tempelritter dem Orden von Cîteaux überbracht haben.

Echtes Glas findet sich in einer nicht gefärbten Abart bei den Zisterziensermönchen von Obazien und Pontigny: durchscheinende Fenster, die, wie Régine Pernoud sagt, *wahrhafte Wunder der Technik und der Kunst darstellen. Das Glas ist weiß oder eher farblos; aber die Glasmacher haben aus dieser durchschimmernden Glasmasse – allein durch die Art des Brennens – mit Hilfe unterschiedlicher Dichten und mit Hilfe von Blasen innerhalb der Glasmasse ein perlmutterartig glänzendes Licht erzeugen können, das einen die triumphierenden Farben anderer Glasfenster vergessen läßt*[1]. Farbiges Glas erscheint in Saint-Denis beim gotischen Wiederaufbau der Basilika. Eine Zeit hindurch sind *alle* Gläser dieser Qualität – die Werke eines unbekannten Adepten – Geschenke Sugers, des Abtes: so das Glasfenster zum Ruhme der Gottesmutter, das er Notre-Dame von Paris geschenkt hat und das ein unwissender Bischof im 18. Jahrhundert zerbrechen ließ, weil er der Meinung war, die Kirche habe nicht genug Licht. Wahrscheinlich stammen auch die *Madonna im schönen Fenster* und die großen Westfenster, der *Stamm Jesse*, der *Triumph der Jungfrau* und das *Leben Christi*, aus Saint-Denis. Suger, der gewiß mit Fragen nach seinem Fabrikationsverfahren überhäuft worden war, erklärte sich bei dieser Gelegenheit bereit, anzu-

---

[1] Régine Pernoud: Les grandes époques de l'Art en occident (Ed. du Chêne).

geben, auf welche Weise das Glas in seiner Abtei gefärbt wurde. Doch mußten sich viele alte Chemiker oder Glasmacher, die seinen Ratschlägen folgen wollten, verzweifelt die Haare raufen.

Mit dem Bau der gotischen Kathedrale wurde das Zentrum der Glasmacherkunst nach Chartres verlegt. Gläser aus Chartres finden sich auch in Paris, Rouen, Bourges und Sens. Oft sind sie mit *Clemens von Chartres* signiert, ohne daß man anzugeben vermag, ob es sich um den Adepten handelt, der das Glas gefärbt hat, oder um den Glasmachermeister, der es gezeichnet und zusammengefügt hat; letzteres ist wahrscheinlicher, da die Adepten im allgemeinen anonym blieben. Es scheint, daß die Quelle, aus welcher das Glas herrührte, um 1240 – vermutlich im Zusammenhang mit dem Verschwinden des Adepten, der sein Werk getan hatte – versiegt ist; dies ist jedenfalls der Zeitpunkt, an dem in Chartres alle Fenster eingesetzt sind.

Nach der Tradition und der modernen Wissenschaft ist das Licht eine Verbindung von leuchtenden Wellen und energetischen Korpuskeln. Die Energiekorpuskeln des Sonnenlichtes sind aktiv, durchdringend und sterilisierend und für das Leben recht gefährlich. Der menschliche Körper verteidigt sich gegen sie durch Pigmentation. Die Wirkung des Sonnenlichtes ist so stark, daß man keinen alchymischen Versuch bei vollem Tageslicht wagen kann.

Auch für die menschliche Alchimie der Initiation muß der Schutz der Höhle oder der Krypta gesucht werden. Aus gleichem Grund wurden die Sabbattänze zur Nachtzeit aufgeführt und nicht, weil es sich um einen (von den Inquisitoren erfundenen) Diabolismus handelte. Jesus wurde nachts in einer Höhle geboren. *Der Herr hat geredet, er wolle im Dunkel wohnen,* sagt Salomon (1. Könige 8, 12). Nicht um etwas zu verhehlen, wurden die ersten Messen in Höhlen, Katakomben, Krypten gefeiert, später in den steinernen Tempeln, die eine Krypta *über* der Erde schufen. Auch griechische Mysterien wurden in nächtlicher Stunde vollzogen. Nicht aus technischen Gründen waren romanische Kirchen so düster. Man hätte die romanischen Mauern beliebig dem Lichte öffnen können, wenn man nur gewollt hätte; ihrer

Standfestigkeit wäre kein Abbruch geschehen. Eine große Anzahl romanischer Kirchen weist in der Halbkuppel des Chors überhaupt keine Öffnung auf, und im Allerheiligsten des Salomonischen Tempels konnte man die Öffnung durch einen Vorhang schließen. Auch die Komtureikapellen, die den Tempelrittern vorbehalten waren, sind fensterlos. Muß man noch an die Nachtmessen erinnern, die in den meisten Mönchsorden obligatorisch sind? Angesichts von alledem kann man sich fragen, ob das alchymische Glas, das sich dem Lichte gegenüber so merkwürdig verhält, nicht in Wahrheit ein Filter ist, der zwar die Lichtwellen hindurchläßt, aber die Energiekorpuskeln zurückweist, die die Entwicklung des Menschen im Tempel beeinträchtigen könnten. Möglicherweise war das bleifarbene Antimonglas der romanischen Kirchen ein erster Versuch in dieser Richtung.

Die Alchimisten behaupten, die Färbung der Materie im alchymischen Prozeß rühre her von der Inkorporation des *spiritus mundi* in diese Materie. Wie mächtig muß sich die Leuchtglut dieser Farben dem Menschen offenbaren, wie muß sie ihn verwandeln können, wenn man bedenkt, wie groß bereits der Einfluß der banalen Handelsfarben auf seinen Geist, auf sein Verhalten ist!

Konnte man Besseres tun, wenn man in Chartres den Rosenkranz abbetete, als die Fenster zu betrachten? Die gleichförmige Litanei führte den Menschen über sein enges Selbst hinaus – dafür erfüllte ihn die Farbenharmonie des *spiritus mundi*. Wie in allen Marienkirchen wurde auch in der Kathedrale von Chartres der Alchimie besonders gehuldigt. Zeichen dafür waren die Fensterrosen, deren heilkräftige Chiffren wir im einzelnen nicht zu entschlüsseln vermögen. Auch die Lanzettfenster unter der Rose des Eingeweihten-Portals weisen auf bekannte Adepten des Alten Testamentes hin; in ihrer Mitte befindet sich die schwarzgesichtige heilige Anna, die die Lilie trägt. Da ist Melchisedek, der chaldäische Magier, der dem Abraham den heiligen Kelch mit dem Gral reicht – Aaron, der ägyptische Magier, der »Bruder« des Moses, der in der Wüste das Goldene Kalb verfertigte – David, der königliche Musiker, den die die Tafeln aller Wissenschaft enthaltende Bundeslade inspirierte – Salomon, der Erbauer des Tempels von Jerusalem, der weiser war als der in aller Weisheit der Ägypter unterrichtete Moses und der unter dem Namen des Hohen Liedes eine Einweihungsschrift hinterlassen hat. Man möchte nicht aufhören, über die Farben der Glasfenster von Chartres und über die Harmonie, die ihre Komposition leitet, zu erstaunen: Der Geist der Welt offenbart sich in den Farben, harmonisch verbinden sie sich der geometrischen und musikalischen Harmonie des Kirchenschiffes, an dessen Bauplan Himmel und Erde gearbeitet haben.

Als man in der Mitte des 19. Jahrhunderts herausbekam, daß die Glasmacher ehemals als Edelleute galten und die Lanze tragen durften, war man sehr überrascht. Man schloß, es habe sich um Edelleute gehandelt, die Glasmacher geworden seien; aber in Wirklichkeit sieht die Sache ganz anders aus. Es war die Kunst des Glasmachens, die ihnen – den Schülern des Großen Werkes – den Adel gab: den wahren Adel der Philosophen oder der Adepten. Das äußere Zeichen dieser Ritterschaft aber konnte ihnen nur durch einen Ritterorden verliehen werden.

Es ist übrigens ziemlich sicher, daß die Meister bei den *Kindern Salomons* als »Kavaliere«, als Reiter der Kabbala, ebenfalls die Lanze trugen, eine Art Zeugnis dafür, daß man im Besitz des »Steines« war. Noch heute besitzt jedes Mitglied der *Compagnons des Devoirs* ein persönliches Zeugnis, auf welchem seine handwerkliche und esoterische Qualifikation in hieroglyphischen Zeichen angegeben ist. Dieses Papier, das ihnen als »Paß« in den *Cayennes* dient, nennen sie ihr *cheval* (Pferd): es ist tatsächlich eine Art Ritterwappen. Wenn ein Compagnon stirbt, wird der *cheval* im Laufe einer geheimen Zeremonie verbrannt. Dann wird die Asche – mit Wein vermischt – von den übrigen Compagnons getrunken. War man unterwegs, so hieß dies *en cavale* sein, zu Roß sein: unter dem Schutz der Kabbala oder für die Kabbala.

Nicht alle Glasfenster von Chartres sind alchymischen Ursprungs. Viele sind zerstört worden, vor allem die hohen Chorfenster, die einem Bischof zum Opfer fielen, der sich im Tageslicht bewundern lassen wollte[1]. Gewiß hat allein der Klerus in Chartres mehr verdorben als Hugenotten und Revolutionäre. Auch zur Zerstörung des Lettners 1763 hatte das Kapitel die Anweisung gegeben.

[1] Anm. d. Übers.: Nachdem 1773 das Monstrum einer »Himmelfahrt Mariä« von Bridan hinter dem damaligen Hochaltar aufgestellt worden war, ließ der Klerus 1788 acht Farbfenster des Chores durch gewöhnliches Glas ersetzen, um den von Bridan im Zeitgeschmack dekorierten Chor aufzuhellen.

18

DIE BRUDERSCHAFTEN

Die Kathedrale von Chartres ist von Menschen aufgeführt
worden, die über eine besondere Ausbildung verfügten. Die
Werkleute der Bauhütte – die Arbeiter des Großen Werkes –
haben auf den Steinen, die sie zurichteten, auf drei Balken, die
sie zusammenfügten, Erkennungszeichen hinterlassen, eingegra-
bene Signaturen. Darüber hinaus wissen wir so gut wie nichts
von ihnen. Die Quellen ihres Wirkens liegen im dunkeln und
sind legendär geworden. Wenn eine Legende ins Leben gerufen
wird, dann dient sie als Mittel, um etwas dem Gebrauch allein
derjenigen zu übertragen, die im Besitz des Schlüssels sind. Doch
zuweilen geht der Schlüssel – mit ihm das Wissen um das, was
geschehen ist – verloren; zurück bleibt die bloße Legende. Versucht man dann, mit Hilfe dieser Legende das Geschehen zu re-
konstruieren, so bleibt für Irrwege ein weiter Spielraum. Manchmal sprechen Legenden deutlich, manchmal verhüllt; dann muß
man zu Hypothesen seine Zuflucht nehmen.

Es ist bekannt, daß die Bauleute, denen wir die Kathedralen
verdanken, in *Kumpaneien*, in Bruderschaften miteinander verbunden waren. Drei solche Bruderschaften hat es gegeben: *Les
Enfants du Père Soubise* (die Kinder des Vater Soubise), *Les Enfants de Maître Jacques* (die Kinder des Meister Jakob) und
Les Enfants de Salomon (die Kinder Salomons). Sie sind nicht
ganz verschwunden; ihre Erben sind heute unter dem Namen

Compagnons des Devoirs du Tour de France bekannt, eine Bezeichnung, die aus dem 19. Jahrhundert stammt. Einige scheinen eine Einweihungstradition bewahrt zu haben, andere nicht. Alle aber hüten die Tradition des Handwerks, sind vom Adel des Handwerks durchdrungen und lehren den Gehorsam gegen das Werk, dem man sich verpflichtet hat.

Folgende Anekdote kursiert über sie: Drei Männer arbeiten auf einem Bauplatz. Ein Vorübergehender fragt: Was macht ihr da? Ich verdiene mein Brot, sagte der erste. Ich übe meinen Beruf aus, sagt der zweite. Ich baue eine Kathedrale, sagt der dritte. Er war ein *Compagnon*.

Nach der Etymologie sind *Compagnons* Menschen, die dasselbe Brot teilen. Doch ist dieser Erklärung widersprochen worden. Für Raoul Vergez sind *Compagnons* Menschen, die den Zirkel (*compas*) zu gebrauchen wissen. Menschen, die dasselbe Brot teilen, bilden eine *Kumpanei*. Menschen, die den Zirkel zu gebrauchen wissen, haben Zugang zu gewissen geometrischen Harmoniegesetzen; sie stehen auf der Stufe des *Maurers*. In der Zeit des Templerprozesses machten die Beamten Philipps des Schönen Jagd auf sie; von den Zünften wurden sie verboten. Damals nahmen sie den Namen *Compagnons des Devoirs* an und tauchten unter. Erst als die Französische Revolution die Zünfte aufhob, kehrten sie ins öffentliche Leben zurück.

Sie verständigten sich untereinander durch die Worte und Zeichen einer Geheimsprache. Das Wort *devoir* hat für sie seinen ursprünglichen Sinn bewahrt: Sie stehen in der *Pflicht* des Werkes (und halten die Mittel in der Hand, es auszuführen), in der *Pflicht* der Berufung, in der *Pflicht* des Menschseins, die sie niemals verleugnet haben. Ihre Tradition ist lebendig geblieben, z. B. drückt sie sich aus in der Stufenfolge *Lehrling – Geselle – Meister*. Lange haben sie sich als Vollzieher eines lebensnotwendigen Werkes geweigert, Waffen zu tragen. Als »Ritter« (chevaliers), als Befreier der Unterdrückten haben sie es immer – bis auf den heutigen Tag – abgelehnt, beim Bau von Festungen und Gefängnissen mitzuwirken. Einer ihrer grundlegenden Gedanken drückt aus, daß der Mensch wert sei, was er zu tun vermöge. Das gefällt den heutigen Gewerkschaftsfunktionären nicht sonderlich! Die Lehrlinge erlernen ihr Handwerk unter der Anleitung der Gesellen von Bauhütte zu Bauhütte im Laufe einer Wanderschaft durch ganz Frankreich *(Tour de France)*. Das Wissen aber, das die Bruderschaft als ihr besonderes Eigentum verwaltet, wird durch die Meister in den *Cayennes* vermittelt. Alle drei Bruderschaften, die sich zuweilen bekämpft haben, sind heute in einer einzigen Gesellschaft vereinigt; man muß aber annehmen, daß ihre Verpflichtungen und ihre handwerklichen Methoden ursprünglich verschiedene gewesen sind.

Die Legende erzählt, die Bruderschaft der *Kinder des Vater Soubise* sei von einem Benediktinermönch gegründet worden (der Wald eines Benediktinerklosters bei Poitiers trägt den Namen *Bois du Père Soubise*): er habe die *Compagnons* gelehrt. Hier ist wahrscheinlich die Bruderschaft gemeint, die von den Benediktinerklöstern ausging, wo Laien im Handwerk unterwiesen wurden, wo sie den zu jener Zeit nötigen Schutz der Klöster genossen, deren Kutte sie trugen – oder auch nicht. Es war die Bruderschaft, die mit Hilfe der Bauleute des Ordens romanische Abteikirchen und andere Kirchenbauten aufführte, denn der romanische Stil ist benediktinischen Ursprungs. Bei der Verfolgung der Bruderschaften im 14. Jahrhundert lehnten ihre Angehörigen es ab, sich von der Kirche zu trennen.

Eine andere Bruderschaft ist die der *Kinder des Meister Jakob*; später hat sie den Namen *Compagnons Passants du Devoir* (die reisenden Brüder der Pflicht) angenommen. Ihre Legenden sind voller Poesie. Ihr Gründer soll *Maître Jacques* gewesen sein, gebürtig aus einer kleinen Stadt Galliens, *Carte* mit Namen, im Süden Frankreichs (heute Saint-Romilly). Sein Vater, der Baumeister *Jacquin*, soll seinen Meistertitel erhalten haben, nachdem er Griechenland, Ägypten und Palästina bereist hatte; in Jerusalem soll er zwei Säulen des Tempels ausgeführt haben (tatsächlich wurde dort eine Säule *Jacquin* genannt). Die *Compagnons* sind ihrem Namen nach *passants*: ich halte dafür, daß es sich hier nicht um *Fahrende,* sondern um *Fährleute* handelt. Wenn man bedenkt, wie sehr ein Fluß in jenen Zeiten einen Reisenden zu behindern vermochte, begreift man bald, daß der Brückenbau – oder die Anlegung von Furten – eine zivilisatorische Aufgabe ersten Ranges darstellte. Vielleicht handelt es sich um die Erben jener Mönche, die als Brückenbauer in die Geschichte eingegangen sind. Vielleicht sind sie aber auch älter als jene, denn ihre Legende reicht in ferne Zeiten. Der Name Jacques bezeichnete lange Zeit hindurch den gallischen Bauern. Und es ist durchaus möglich, daß die Kinder des Maître Jacques die Erben jener Bruderschaft keltischer Bauleute waren, die mit einem Eichenblatt signierte. Man kann sich aber auch vorstellen, daß sie es sich zur Aufgabe gemacht hatten, die religiöse und leibliche Betreuung der Pilger zu organisieren, die auf dem Weg nach *Saint-Jacques-de-Compostelle* waren.

Der dritten Bruderschaft, den *Kindern Salomons,* würde ich den Bau nicht nur von Chartres, sondern einer ganzen Reihe anderer gotischer Marienkathedralen zutrauen, vor allem Reims und Amiens. Hier die Gründe: Offenbar haben die Kinder des Meister Jakob bis zu ihrem Untertauchen vor allem in Aquitanien gewirkt. Ihre Kirchen, die mit dem Monogramm Christi und der Lanze oder mit einem keltischen Ringkreuz geschmückt sind, stehen – einige wenige ausgenommen – im Süden Frankreichs und zeigen einen unverwechselbaren Stil. Die Kinder des Vater Soubise dagegen waren als Benediktiner eher der Romanik zugewandt; im übrigen weichen die Signaturen der romanischen Baumeister stark von denen der gotischen Baumeister ab, auch wenn die Bauten zur gleichen Zeit entstanden. Andererseits muß es eine eigene Bruderschaft gotischer Bauleute gegeben haben. Es kommen eigentlich nur die Kinder Salomons in Frage. Die für den gotischen Bau notwendige Kenntnis der Darstellenden Geometrie – das Wissen der Mönche von Cîteaux – ist lediglich den Erben der Kinder Salomons, den *Compagnons du Devoirs de Liberté,* überliefert worden. Es muß sich also um eine Bruderschaft *geistlicher* Bauleute gehandelt haben, die von Cîteaux – parallel mit der Begründung des Templerordens – ins Leben gerufen worden ist. Bis zum Erwerb der Privilegien gehörte ihr Schutz zu den Aufgaben des Templerordens. Der Name *Salomon* darf dabei als zusätzlicher Hinweis gelten. Bernhard, der das geistige Testament Salomons in hundertzwanzig Predigten gewürdigt hatte, war auch der Schöpfer des Ordens vom *Templum Salomonis*. Andererseits waren es Zisterzienser, die die Kinder Salomons unterwiesen. Fügen wir noch hinzu, daß Ludwig der Heilige, der dem Prior Galliens für den Templerorden, Amaury, in Freundschaft verbunden war, auf dessen Bitte den Laienbruderschaften der Kirchenbaumeister Privilegien gewährte, die sie von fremder Unterstützung unabhängig machte.

In welchem Verhältnis standen nun die Kinder Salomons zum Templerorden? Waren sie selbst Templer – oder waren sie dem Orden assoziiert? Die Antwort ist nicht leicht. Der Orden hatte eine komplexe Organisation, es gab Mönche und Laien, Ritter und Handwerker; alle waren *Brüder*. Da gab es die *Brüder vom Kloster*, die – ob Ritter oder nicht – Mönche waren, die ihre Gelübde abgelegt hatten; sie galten als *Templer* im eigentlichen Sinne. Dann gab es Freiwillige, die sich auf Zeit oder Lebenszeit dem Orden verbunden hatten. Unter diesen befanden sich die *Brüder vom Handwerk*, bei denen es sich durchaus um die Kinder Salomons gehandelt haben kann. Aber eine letzte Antwort fällt schwer. Die Tempelritter bewohnten in ihren Komtureien ein Gebäude, zu welchem Frauen der Zugang verboten war. Es durfte nur von Eingeladenen betreten werden, war das eigentliche Kloster und hieß das *Große Haus*. Offensichtlich diente der Name zur Unterscheidung von einem sogenannten *Kleinen Haus*. Im Gallischen – das sich im Gebiet um Caux und in der Picardie erhalten hat – ist das Kleine Haus die *Cayenne*. Nun ist die Cayenne nach der Überlieferung ein Ort, der der Bruderschaft der Bauleute vorbehalten ist. Man kann folgern, daß dem Hauptorden der *Ritter* vom Tempel Salomons ein Nebenorden der *Kinder* Salomons angegliedert war. Als Philipp der Schöne den Templern den Prozeß machte, nahm er zugleich die den *Maurern*

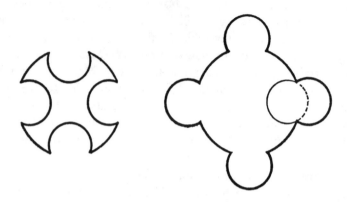

Die Beziehung von keltischem Kreuz und Pfeilergrundriß

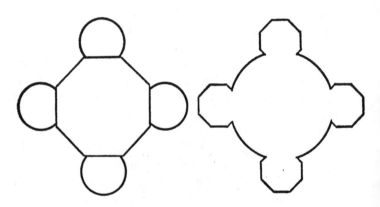

Die Grundrisse der Chartreser Bündelpfeiler

gewährten Privilegien zurück. Wenn auch die Kinder des Vater Soubise sich dem beugten, so doch nicht die Kinder Salomons. Nachdem sie einige Verwirrung gestiftet hatten, gingen sie – schuldig, den Orden nicht verteidigt zu haben – in den Untergrund oder wanderten aus. Sie wurden zu den *Compagnons étrangers*[1] *du Devoir de Salomon* und betrachteten sich als von jeglicher Verpflichtung gegen den König von Frankreich und gegen das Papsttum entbunden.

Die Bruderschaft der Brüder Salomons scheint ihre Bauwerke durch den systematischen Gebrauch eines Pfeilers gekennzeichnet zu haben, der Vorsäulen besitzt. Zweifellos ist dies nicht eine neue Erfindung – den Bündelpfeiler gibt es schon in romanischen Bauten –, aber in Chartres (auch in Amiens und Reims) wird er durch eine besondere Proportion charakterisiert. Der Pfeiler selbst ist rund oder oktogonal (so in Chartres), aber die ihn umgebenden Vorsäulen, die kreuzweise angeordnet sind, haben im Verhältnis zum Hauptpfeiler denselben Durchmesser wie die kleinen Kreise, die das keltische Kreuz ausschneiden; nur sind diese kleinen Kreise beim Pfeiler nach außen geklappt. Außer in Amiens, Reims und Chartres findet man diese »Signatur«, die aus *einer* Schule stammt, an zwei Pfeilern des Westportals von Notre-Dame von Paris und zwei Pfeilern im Querschiff von Beauvais. Man vergleiche nun die Form dieses Pfeilers mit den Erkertürmen klassischer Templerbauten: der Hauptturm ist von vier kleinen Türmen umgeben[2]. Die Beziehung zum oktogonalen, mit runden Diensten versehenen Pfeiler ist offensichtlich.

Noch etwas mag als Hinweis dienen: In den Archivolten von Reims, Amiens und Chartres (hier am Königsportal) findet sich übereinstimmend das Motiv der *zwei* Ritter, die hinter *einem* Schild stehen, der das charakteristische Karfunkelsymbol[3] trägt (in Reims sind die Ritter nackt dargestellt). Man beachte, daß

---

[1] étranger: fremd, abtrünnig.
[2] So in Sarzay (Indre) und in Vincennes.
[3] Anm. d. Übers.: Schildwappen: von dem Karfunkelstein in seiner Mitte gehen acht Strahlen aus, die als Lilien enden.

die Templer gehalten waren, paarweise unterwegs zu sein und daß der Karfunkel ein alchymisches Symbol ist.

Die wahre Gotik, die zur gleichen Zeit wie der Templerorden entsteht, verschwindet mit ihm. Als bloße Spitzbogenbaukunst hat sie nichts mehr mit dem Tempel der Einweihung zu tun. Ähnliches gilt für das Glasfenster. Muß man nicht folgern, daß die Schöpfer der Gotik, die zugleich die Wissenden waren, dem Orden vom Tempel Salomons angehörten und mit ihm verschwanden?

19

DER TEMPLERSCHATZ

Wurden die Erbauer der Marienkathedralen vom Templerorden protegiert? Gehörte der Bau dieser Kirchen – insbesondere der von Chartres – zum Auftrag des Ordens, den er von Bernhard empfangen hatte? Ehe der Orden zu wirken begann, erreichten nur die Abteikirchen die Ausmaße eines Münsters. Die Volkskirchen waren klein. Eine Ausnahme bildete die Fulbertuskirche von Chartres, obwohl ihre Größe längst nicht an die heutige Kathedrale heranreichte. Notre-Dame von Paris übertrifft die Ausmaße älterer Kirchen um das Dreifache; Paris aber war schon vor Errichtung von Notre-Dame eine Großstadt.

Die meisten Städte Frankreichs – vor allem nördlich der Loire – waren Marktflecken, deren finanzielle Möglichkeiten äußerst beschränkt waren. Das Geld war rar und kaum im Umlauf. Vorhandene Mittel dienten in erster Linie zum Bau von Befestigungsmauern, die allein während der unaufhörlichen Kriege vor Soldaten und Räuberbanden Schutz gewährten. Zum Bau großer Kathedralen waren die Städte außerstande. Nur ausgesprochen reiche Städte – wie Rouen, die zweite Stadt des Königreichs – hatten die Möglichkeit, die Anzahl der Pfarrkirchen zu vermehren und Stiftungen zu deren Ausschmückung zu verwenden. Wie aber konnte man dann in wenigen Jahren und an so vielen Orten zugleich – von Paris bis hinab zu den kleinen Landstädten mit ihren wenigen tausend Einwohnern – Geld genug aufbringen, um so gewaltige Bauwerke in Angriff zu nehmen? Es gibt heute in Frankreich kaum ein Städtchen von der Größe Chartres' im Mittelalter (ca. 10 000 Einwohner), das sich ein Schwimmbad einrichten könnte, was weiter nichts ist als ein gemauertes Loch in der Erde. Damals aber konnten sich diese Flecken (Amiens und Reims waren kaum größer als Chartres) plötzlich den Luxus von Kathedralen leisten, in denen ein ganzes Stadion Platz fände! Wie hätte man den Ackerbürgern Geld entlocken können, das sie nicht mehr hatten, wenn die Steuereinzieher, die Pachteintreiber vorbeigekommen waren?

Die Kreuzzüge hatten das Land von einer Menge von Raubrittern und Banditen befreit. Bernhard kommentierte – nicht ohne Zynismus –: *Das hat einen doppelten Vorteil: Das Land ist ihrer ledig, und im Osten können sie gute Dienste leisten.* Der allgemeine Profit war also vermehrt worden – und mit ihm das verfügbare Geld. Doch hätte dies allein nicht ausgereicht. Man benötigte eine Art Banksystem, damit die Arbeiter, die von der Hand in den Mund lebten, von Tag zu Tag bezahlt werden konnten; darüber hinaus mußten die Kosten für die Transportmittel und das Handwerkszeug bestritten werden. Die großen geistlichen Orden waren zwar reich genug, behielten aber alles – nach dem Muster von Cluny und Saint-Denis – ihren eigenen Abteien vor. Eine einzige Organisation war überhaupt imstande, die Rolle des Bankiers und Schatzmeisters zu übernehmen, eine wirksame und fortgesetzte Hilfe anzubieten und die Arbeit zu organisieren: der Templerorden.

Selbst der Reichtum des Templerordens hätte aber nicht hingereicht, den Bau der Kathedralen zu finanzieren. Die Templer konnten das Geld nur leihweise zur Verfügung stellen; die notwendigen Mittel mußten aus dem Volke kommen. Das war nur möglich, wenn das Volk selbst zu Wohlstand gelangte, denn ein Schaf ohne Wolle läßt sich nicht scheren. Deshalb schufen die Templer – allein auf ihren Orden gestützt und ohne zu Königen, Bischöfen, Edelleuten oder Ständen Zuflucht nehmen zu müssen –

148

ein ganzes Wirtschaftsystem, das, wenn sie es hätten weiter ausbauen können, dem Abendland zu einem hohen Grad von Zivilisation und Wohlstand verholfen hätte.

Als die neun ersten Tempelritter ihre Mission erfüllt hatten, kehrten sie – d. h. mindestens sechs von ihnen – 1128 aus dem Heiligen Land zurück und stellten sich dem Konzil von Troyes vor; sie ersuchten um Anerkennung ihres Ordens und um dessen mönchische Konstitution. Bernhard verfaßte für sie eine Regel, die das Mönchs- und das Ritterideal miteinander verschmolz. Sie entsprach in ihrem religiösen Gehalt – bis hin zur Farbe des Ordenskleides – der Zisterzienserregel; in ihrem ritterlichen Gehalt orientierte sie sich an den ritterlichen Vorschriften des *Roten Zweiges* aus dem keltisch gebliebenen Irland[1].

Obwohl die Regel von jedem Ritter persönliche Armut forderte, war sie wie dazu geschaffen, den neuen Orden reich und mächtig werden zu lassen. Das Prinzip war einfach: Der Orden empfing, aber er gab – außer den üblichen Almosen – nichts heraus. Er durfte jede Art von Geschenk annehmen, jede Erwerbsweise war ihm gestattet; niemals aber durfte er *ein Stück Mauer oder ein Zoll breit Erde abtreten.* Die einzigen Geschenke, die ein Ritter in seinem eigenen Namen machen durfte, waren ein gebrauchtes Gewand oder ein Hund. Wenn ein Ritter im Verlauf eines Gefechtes gefangengenommen war, durfte der Orden keinerlei Lösegeld für ihn entrichten. Zu seiner Freilassung hätte der Ritter nur das Schwert und den Gürtel anbieten können, womit er sich verpflichtet hätte, sich künftig der Waffen zu enthalten. Deshalb wurden – einige seltene Fälle ausgenommen – gefangengenommene Templer stets hingerichtet. Sie durften weder Goldschmuck noch wertvolle Waffen tragen, und der einzige Pelz, der ihnen erlaubt war, war der Kaninchenpelz. Ritterlichen Vergnügungen gingen sie nicht nach; nur die Jagd auf Leoparden und

---

[1] Das abendländische Rittertum weist überhaupt enge Beziehungen zur irischen Heldendichtung und besonders zu derjenigen von *Kuchullin* auf, weshalb man sich wundern muß, daß man seinen Ursprung so sehr in der Ferne gesucht hat.

Löwen, die es in Frankreich ohnehin kaum gab, war ihnen gestattet. Da sie auch keine Frauenhändel haben durften, waren ihre Ausgaben denkbar gering. So wuchs der Templerschatz in wenigen Jahren zu beträchtlicher Größe heran: er umfaßte Ländereien, Pfründen, Bargeld und Kredite. Der Reichtum aber wurde so gehandhabt, daß er allen zugute kam.

Der weiße Mantel, das rote Kreuz, das Schwertamt, der Dienst unter der Sonne des Orients und das Geheimnis, das man um den Orden gewoben hat, haben fast vergessen lassen, daß die Templer bedeutende Agronomen waren. Anfang des 14. Jahrhunderts besaßen sie in Frankreich nahezu tausend Komtureien, die – mit Einschluß der Vorratshäuser und Höfe – von der *Massenie* des Ordens verwaltet wurden: von Vögten, Lehnsleuten und Leibeigenen. Es handelte sich dabei nicht um Festungen, sondern um einfache, umfriedete Höfe, die man oftmals die Vorhöfe des Tempels genannt hat. Einige Verzeichnisse von Gegenständen, die die Beamten Philipps des Schönen bei der Inhaftierung der Templer anfertigten, sind uns erhalten geblieben. Sie zeigen, daß die Komtureien und Vorratshäuser hervorragend organisiert und mit allen Mitteln und Werkzeugen, die zur Ackerkultur nötig sind, aufs beste ausgerüstet waren. Da die Templer wegen ihrer Waffentüchtigkeit gefürchtet waren, blieben ihre Besitzungen von Plünderungen und Raubzügen verschont. Es bleibt hinzuzufügen, daß ihnen der Papst bedeutende Privilegien gewährt hatte; u. a. fielen sie nicht unter die kirchliche Rechtsprechung, sondern konnten nur vom Papst gerichtet werden; auch unterstanden sie keinem Lehnsherren. So stellten sie, wenn nicht einen Staat im Staate, so doch einen vollkommen unabhängigen Stand dar, der keinerlei Steuern, nicht einmal den Kirchenzehnten zu entrichten hatte (nur Cîteaux und der Tempel waren vom Kirchenzehnten befreit). Diesen Höfen, die in aller Sicherheit bebaut wurden, ist es zu verdanken, daß im 12. und 13. Jahrhundert keine so großen Hungersnöte auftraten, wie sie davor das christliche Abendland verheert hatten; zugleich bildeten die Ländereien das wirtschaftliche Fundament für das Wirken der Templer im Abendland.

Die erste offizielle Aufgabe, die sich die neun Ritter gegeben hatten, galt dem Schutz der Pilger auf der Straße nach Jerusalem. So gefahrvoll aber das Reisen auf den Straßen Palästinas war, in Frankreich reiste man nicht minder gefährdet. Zur Zeit des heiligen Bernhard *war der König von Frankreich verpflichtet, in eigener Person gegen die Raubritter Krieg zu führen, die im Umkreis von zehn Meilen von Paris die Reisenden auf den Straßen überfielen.* Kaufmann zu sein und Waren zu befördern, war damals ein gefahrvolles Geschäft. Doch nicht nur die Kaufleute und ihre Fuhrleute waren auf den lehnsherrlichen Straßen des Mittelalters in Gefahr. Jeder Nichtadlige, jeder Leibeigene war »gemein«, besaß keinerlei Zollfreiheit und konnte vom Herren der Ländereien, die er passierte, zu Frondiensten herangezogen werden. Diesem Mißbrauch war nur *eine* Grenze gesetzt: die Furcht vor Vergeltungsmaßnahmen, wenn man sich an dem Untertanen eines Herren oder Kirchenfürsten verging (im letzteren Fall brachte man den ganzen klerikalen Apparat gegen sich auf). Die Kirche war mächtig auch ohne Waffen. Nur die Mönche konnten gefahrlos umhergehn; sie waren durch Kutte und Armut geschützt. Ein Kaufmann, der zur Nacht keine Stadt mehr erreichen konnte, blieb – falls er kein Kloster fand – obdachlos oder mußte sich einem zufälligen Hauswirt auf Gedeih und Verderb übergeben. Darüber hinaus hatte der Reisende mit wilden Tieren zu rechnen, vor allem mit Wölfen, die überall streunten und in harten Wintern sogar bis ins Weichbild der Städte vordrangen. Damals reiste nur, wer es nicht vermeiden konnte.

Aber ein Land ohne Verkehrswege verarmt. Hätte Archimedes seine Entdeckung in einem gottverlassenen Dorf gemacht, sein *Heureka* wäre ungehört verhallt. In Not geraten, hätte er Hungers sterben können; ein anderes Dorf hätte ihm mit dem ganzen Überfluß seiner Ernte nicht zu helfen vermocht. Die Straße ist Grundlage aller Zivilisation, nicht nur, weil sie Entferntes miteinander verbindet, sondern weil man auf ihr in Sicherheit ist. Was gab es denn für wirtschaftliche Möglichkeiten, wenn – wie es lange Zeit hindurch geschah – bei jeder Brücke, jedem Tor, auf jeder Straße Wegegeld bezahlt werden mußte! Selbst billig eingekaufte Waren mußten sich dabei weit über Gebühr verteuern.

Die Komtureien lagen zumeist eine Tagesreise voneinander entfernt. Wenn das ein Zufall war, dann hat der Zufall manches gefügt. Jede Komturei, jedes Vorratshaus war ein Ort des Friedens, war Kirchenboden, der Asyl gewähren konnte und in der Regel ein Hospiz besaß. So entstanden die Templerrouten, die von bewaffneten Tempelrittern kontrolliert wurden und verhältnismäßig sicher waren. John Charpentier[1] bemerkt dazu: *Die Templer waren die Polizei der großen Handelsstraßen. Wenn sie ihre festen Häuser so oft verließen, geschah es um der Bewachung dieser Straßen willen. Sie schützten die Reisenden vor Räuberei und vor der Willkür der Wegzölle. Ihre Niederlassungen waren in gewisser Hinsicht Gendarmerien vergleichbar. Zuweilen beaufsichtigten sie auch die Versorgung einer Gegend mit Lebensmitteln: Sie entsandten Ritter, die von fern oder durch ihre bloße Anwesenheit den Karren und Herden Schutz boten. Mitunter sah man sie Geistliche oder Laien, die auf Pilgerfahrt waren, freiwillig über weite Wegstrecken hin begleiten.* Wie die Templer sich gegen die Wegzölle wandten, so gegen alles, was den freien Handelsverkehr beeinträchtigen konnte (in der Nähe alter Furten findet man häufig die Reste einer Komturei).

Wer benutzte nun die Straßen der Templer, wer nächtigte in den Templerherbergen? Zweifellos die Pilger, dann die reisenden Handwerker (obwohl letztere wahrscheinlich bei den Brüdern vom Handwerk einkehrten, die es in jeder Komturei gab), vor allem aber die Kaufleute. Auch für deren Handelsware war Platz vorhanden: in den Warenspeichern, die man – vorbildlich auch hier – eingerichtet hatte.

Ein typisches Beispiel dafür ist die Komturei von *Sours* bei Chartres (leider sind uns keine Dokumente erhalten, die ihre Rolle beim Bau der Kathedrale bezeugen). Sours ist heute ein Dorf in der Nähe der Steinbrüche von Berchères-les-Pierres, aus

---

[1] John Charpentier: L'Ordre des Templiers.

denen das Material für den Bau der Kathedrale stammt. Die Komturei war ein Hofgut, dessen quadratische Umfriedung erhalten ist. Erhalten sind auch ein Turm, der über einem Kreuzgewölbe von quadratischem Grundriß errichtet wurde, verfallene Mauern und ein Tümpel (Überrest eines Fischteichs, wie es ihn in jeder Komturei gab, denn die Templer aßen wenig Fleisch). Die Kapelle der Tempelritter ist zur Scheune geworden, zeigt aber noch den schönen Gliederbau ihres Daches, der an einen Schiffsrumpf erinnert. Am Eingang befindet sich auf dem Türsturz eine merkwürdige Zeichnung, die – wie es scheint – den Templerhelm darstellt: eine mit einem Turban umwundene Eisenkappe.

In der Nähe dieser Komturei, die in Frankreich große Bedeutung besaß, gab es noch bis vor kurzem den Kornspeicher, der dem Orden die Anschuldigung eingetragen hat, er wolle das Getreide horten, damit er es bei der dadurch hervorgerufenen Teuerung mit hohem Aufpreis verkaufen könne. Die Verleumdung löst sich sofort in nichts auf, wenn man bedenkt, daß die Regel es jedem Templer – auch den Würdenträgern – untersagte, ohne Beschluß des Kapitels irgend etwas aus dem Besitz des Ordens zu veräußern. Es gab zwar gekauftes Getreide, aber es gab keine Kaufleute im Tempel. Es wird sich also um eingelagertes Getreide gehandelt haben, denn Warenlagerung ließen die Templer – zweifellos gegen ein angemessenes Entgelt – in ihren Vorratshäusern zu. Die Bauern der Umgebung nahmen, wenn sie es konnten, durchaus die Gelegenheit wahr, ihre Ernten oder einen Teil ihrer Ernten vorteilhaft vor Räubern in Sicherheit zu bringen, vielleicht sogar vor den Zehnt-Eintreibern der Lehnsherren und Kleriker.

Die Templer, die alles daransetzten, den Handel zu beleben, richteten sogar Märkte ein, die unter ihrer Aufsicht standen. Sie trugen bewußt zur Entfaltung des Handwerks bei; so in Provins, das ihnen seinen Reichtum verdankte. Ihr Wirtschaftssystem, dessen hervorragende Organisation man erst seit kurzem wieder entdeckt hat, war wie dazu geschaffen, das Geld so leicht und schnell wie möglich zirkulieren zu lassen; sie richteten sogar eine Art Bank ein, um den Kreislauf des Geldes zu regulieren. Alle Schichten der Bevölkerung sollten am allgemeinen Wohlstand teilhaben; der Zuwachs an Geld sollte zu Steuern und Spenden dienen, mit denen der Bau der Kathredralen finanziert werden konnte. Die Templer bereicherten sich bei diesem Spiel auf doppelte Weise: Sie berechneten für hinterlegtes Geld Aufbewahrungsgebühren und forderten für entliehenes ein Aufgeld (dabei verwendeten sie ein Wechselsystem). Hinzu kamen die Einnahmen aus Stiftungen und Spenden. Für den König von Frankreich besorgten sie regionale Steuerkollektionen wie in der Champagne, in Flandern und sicher auch in anderen Provinzen. Schließlich waren sie die Schatzmeister zahlreicher Herren und Bischöfe und sogar des Königs von Frankreich, dessen Schätze sie bis zu ihrem Ende verwalteten.

Ihr Reichtum wuchs beträchtlich. Aber eine beständige Anhäufung von Reichtum wäre ihrem eigentlichen Ziel zuwidergelaufen. Diese Leute, die unaufhörlich einnahmen, aber nur für den Unterhalt ihrer Bewaffneten etwas ausgaben, hätten die Anhäufung von Geld durchaus zu maßloser Übertreibung führen können; das Bargeld – schon damals rar genug – hätte sich schließlich nur noch in den Gewölben des Tempels befunden – ungenützt und unnütz. Da sie es nicht verschenken konnten, führten sie ein Darlehenssystem ein. An diesem Punkt muß ihr Beitrag zum Kathedralenbau ausschlaggebend gewesen sein. Im Gegensatz zu Lombarden und Juden verliehen sie das Geld zu einem günstigen Zinsfuß (selbst während des Prozesses wurde in dieser Hinsicht keinerlei Vorwurf gegen sie erhoben). Sie gaben an Könige und Bischöfe Darlehen, besonders aber, glaube ich, an Händler und Kaufleute. Sie schufen sogar eine Art Pfandleihanstalt, die ihre Niederlassung in jeder Komturei hatte, von der auch Privatleute Gebrauch machen konnten. Schließlich kauften sie auch. Sie kauften Brachland in solchem Ausmaß, daß Philipp der Schöne ihnen bei seinem Regierungsantritt für einige Zeit diese Erwerbungen untersagte; er verbot ihnen dabei sogar, geschenktes Land anzunehmen, doch sollte er diese Maßnahme bald wieder zurücknehmen.

An dieser Stelle noch ein Wort über zwei andere mögliche Geldquellen! Da ist zunächst die Frage, ob die Templer im Besitz alchymischen Goldes waren. Eine Antwort fällt schwer. Es ist bekannt, daß bestimmte Templer die Geheimnisse des Großen Werkes studiert haben; was z. B. während des Prozesses über den *Baphomet* bekannt wurde, deutet darauf hin. Dennoch: Die Alchimie – eine Verbindung von Philosophie und Experimentalchemie – hatte andere Ziele als die Goldherstellung; die Substanzverwandlung diente nur zum Beweis für einen gelungenen Versuch (u. a. ging es der Alchimie um gewisse Pflanzenmutationen und um die Ausarbeitung wirksamer Heilverfahren). Gesicherter ist die Annahme, daß Silber aus mexikanischen Minen auf den europäischen Markt eingeführt wurde. Dafür gibt es Hinweise, die fast Beweiskraft haben.

Da die Templerflotte 1307 durch die Beamten Philipps des Schönen nicht beschlagnahmt worden ist, ist kein Dokument über den Zweck dieser Flotte auf uns gekommen; wir wissen nur, daß sie dem Lebensmittelnachschub für das Ostheer gedient hat. Man beachte aber: 1. Bei Auflösung ihres Ordens fanden die spanischen Templer scharenweise im *Orden von Calatrava* Aufnahme; später hat Christopher Columbus im Kloster von Calatrava die Elemente für seine Versicherung gefunden, Indien sei auf dem Wege über das Westmeer zu erreichen. 2. In Portugal wurde bei Auflösung des Templerordens und eigens für die Templer der *Orden Christi* gegründet, der das Templerkreuz trug. Als die Portugiesen Heinrichs des Seefahrers (der Großmeister des Christusordens war) sich auf die Entdeckung der Ozeane warfen und dabei so aussahen, als wüßten sie genau, wohin sie gingen, zeigten ihre Segel das Kreuz des Ordens Christi, das Templerkreuz. 3. Jean de La Varende, der eine Reihe historischer Dokumente besessen hat, die alten normannischen Familien zugehörten, läßt eine seiner Personen in *Gentilshommes* sagen, die Templer hätten in mexikanischen Bergwerken Silber gefördert, und dieses Silber sei in *Sours* – der Chartreser Komturei – zusammengeflossen. 4. Die Menge des in Umlauf befindlichen Silbers – bis um 1100 ziemlich gering – nahm am Ende des Mittelalters und in der Renaissance beträchtlich zu. Woher kam das Metall? Die Silberbergwerke Deutschlands waren noch unbekannt, die Minen Galliens erschöpft oder vergessen, und auch in Rußland wurde noch nicht geschürft.

Vielleicht haben wir hier die Lösung für das Rätsel, daß der Bau der Kathedrale von Chartres so schnell, so leicht und so gut vonstatten ging. Und nicht nur der Bau von Chartres! Natürlich habe ich hierfür keine dokumentarischen Belege in der Hand. Beim Templerorden versagt die Methode der üblichen historischen Beweisführung. Seine internen Dokumente, wenn es sie je gegeben hat, sind niemals aufgefunden worden. Der einzige Beweis ist das Nichtvorhandensein anderer Möglichkeiten. Ich halte dafür, daß der Orden in der Tat für den Bau der großen gotischen Kathedralen verantwortlich zeichnete, aus dem guten Grund, weil außer ihm niemand imstande gewesen wäre, Bischöfen und Domkapiteln die ungeheuren Summen, die der Bau verschlang, zur Verfügung zu stellen. In Chartres kann es nur auf seine Veranlassung hin erfolgt sein, daß – so rasch nach dem Brand von 1194 – der Baumeister und seine Werkleute (Zimmerleute, Steinmetze, Bildhauer, Steinbrecher und Maurer) die Bauhütte aufschlugen. Und nur auf die Templer kann es zurückgehen, daß das ganze Werk – die Vorhallen ausgenommen – in sechsundzwanzig Jahren ausgeführt werden konnte.

Hatte nicht schon der heilige Bernhard ihnen diese Aufgabe zugedacht? Sie waren Ritter vom Tempel, und das Amt eines Ritters war, *zu unterstützen und zu befreien*. Schon als sie in Palästina vorstellig wurden, machten sie es sich – auch wenn dies Tarnung war – zur Aufgabe, die Pilger zu *schützen* und aus Räuberhand zu *befreien*. Was taten sie in Europa? Sie nahmen sich der Neugestaltung des gesamten Wirtschaftslebens an, d. h. sie *befreiten* die Bevölkerung von den periodisch auftretenden, unbarmherzig wütenden Hungerepidemien. Sie *befreiten* Leibeigene und Dorfbewohner von der Willkür ihrer Lehnsherrn und Bischöfe. Gewiß, sie selbst hatten auch Leibeigene unter ihrem Gesinde; aber so schlecht kann es denen nicht gegangen sein, kennt man doch Fälle, daß wohlhabende Bürgerinnen, die den Zensus zahlten, Leibeigene der Templerkomturei von Provins geehelicht haben. Auf den Templerrouten gewährten sie reisenden Pilgern und Kaufleuten ihren ritterlichen Schutz. Sie *befreiten* letztere aus den Händen der Straßenräuber, der Fürsten und Halsabschneider, *befreiten* sie durch ihre Straßen von Wegegeldern und Durchgangszöllen. In ihren Umfriedungen lebten Handwerker der verschiedensten Zweige unter ihrem *Schutz*: Weber, Schmiede, Stellmacher, Maurer u. a. Sie waren es, die bei Ludwig dem Heiligen für die Bruderschaften der Kirchenbauleute königliche Privilegien erwirkten. Jede ihrer Unternehmungen zielte auf den Fortschritt und die Entwicklung der Menschheit, auf den *Schutz* des Schwachen, auf *Befreiung* von Sklaverei und Ungerechtigkeit. *Deine Regentschaft wird sein wie deine Gerechtigkeit*, sagte der Tempelprior von England zu König Heinrich. *Die Lanze ist dir zur Verteidigung der Schwachen und der Armen verliehen worden*, sagte Bernhard von Clairvaux zu Thibault von Champagne.

Handelt es sich aber um die menschliche Fortentwicklung, so wäre diese unvollständig ohne die Existenz von Einweihungstempeln, deren unmittelbare Wirkung auf Sinne und Seele die im Menschen schlummernde Spiritualität zu wecken vermag, ohne die er niemals wahrhaft Mensch zu sein vermag. Sie mußten vor allem am Bau eines Tempels interessiert sein, der an einem so erhabenen Ort wie Chartres stand.

Außer dem Lettner gab es im Innern der Kathedrale keinerlei steinernes Bildwerk. Auch die späteren baulichen Erweiterungen – die Kapelle St. Piat (14. Jahrhundert), die Vendôme-Kapelle (15. Jahrhundert), der Nordturm der Westfassade und die unter Jean de Beauce begonnene Chorschranke (16. Jahrhundert) – haben den Innenraum nicht angetastet. Es ist offensichtlich, daß man darauf bedacht war, die musikalische Harmonie des Kirchenschiffes und ihre Resonanz nicht zu beeinträchtigen; man setzt keine Verzierungen auf eine Harfensaite. Der Bilderschmuck, der der geschichtlichen und symbolischen Belehrung diente, war der Außenseite der Kathedrale vorbehalten, vor allem den Vorhallen und den Portalen. Die Skulpturen weisen auf die Bedeutung der Kathedrale, auf ihren Standort innerhalb der christlichen Kultur hin.

Das mittlere Tympanon des Königsportals zeigt Christus in der Glorie, umgeben von den Symbolen der vier Evangelisten. Im linken Bogenfeld ist die Himmelfahrt Christi dargestellt. Am selben Portal wird – in den Kapitellen, die von den Säulenstatuen der sogenannten Könige und Königinnen Judas getragen werden – in kleinen lebensvollen und bewegten Szenen die Geschichte von Maria und Jesus erzählt. Es muß doch auffallen, daß unter 38 Szenen keine Kreuzigung vorkommt. Die Folge der Bilder geht direkt vom Judaskuß zur Grablegung über. Das Opfer am Kreuz wird am Königsportal überhaupt nicht erwähnt, ebensowenig an den beiden anderen Portalen. Und auch der Skulpturenschmuck der Vorhallen, die bis 1260 vollendet worden sind, vermeidet die Kreuzigung. Am mittleren Türpfeiler des Südportals steht ein lehrender und segnender Christus. Im rechten Bogenfeld finden wir ihn zwischen Maria und Johannes wieder, links, im sogenannten Ritterportal, erscheint er zwischen zwei Engeln. Auch das Nordportal bringt Bilder aus dem Leben Jesu, aber auch hier fehlt der Gekreuzigte[1]. Zwar gibt es im großen Westfenster – links, wenn man sich im Innern der Kathedrale befindet – in dem Teil, der dem Leben Jesu gewidmet ist, ein kleines Medaillon, das Christus als Gekreuzigten darstellt, aber es handelt sich dabei um eines der Glasfenster aus dem 12. Jahrhundert, das wahrscheinlich aus Saint-Denis stammt.

Man erinnere sich nun, daß die Templer sich weigerten, den von Pilatus Gekreuzigten als den wahren Christus anzuerkennen.

---

[1] Bei den vor dem 14. Jahrhundert vollendeten Partien der Kathedralen von Reims und Amiens ist dies ähnlich.

Man findet im Prozeß gegen die Templer durchgehend das Geständnis, daß ein Ritter bei seiner Aufnahme in den Orden den Gekreuzigten verleugnen mußte. Was die Kirche selbst den Katharern nicht vorwarf, war bei den Templern geübte Praxis. Sie verleugneten nicht die Glaubensartikel, nicht Christus als Sohn der Jungfrau, sondern den von Pilatus Gekreuzigten. Das wurde nicht nur in Frankreich eingestanden, wo die inquisitorische Folter der Dominikaner irgendeine Antwort erpreßte, sondern ebenso in England, wo das Verhör glimpflicher verlief, wo die Folter vielleicht gar nicht angewendet wurde. Offensichtlich machten die Templer einen Unterschied zwischen Christus und dem Gekreuzigten. Hatten sie etwa in Palästina Dokumente gefunden, nach denen im Urchristentum – als die Kirche noch eine Abspaltung der Synagoge war – absichtlich eine Verwechslung zwischen dem leidenden Gottessohn und einem Gekreuzigten stattgefunden hat, der gegen die Römer gekämpft, Unordnung und Revolte hervorgerufen und Freiheit für ein Königreich beansprucht hat, dessen Herrscher er selbst, der Abkömmling Davids, werden wollte? Oder geschah es, um das morbide Gefallen an einem Opfer zu ächten, mit dessen realistischer Ausmalung die Prediger sich eine Art Lust bereiteten? Wie die Antwort auch ausfallen mag, jedenfalls gibt es keinen Christus am Kreuz in den Teilen der Kathedrale, die aus dem 12. und 13. Jahrhundert stammen.

Die Kathedrale von Chartres ist eine Stätte der Geburt, nicht eine Stätte des Todes. Selbst die Teufel, die – ein alter Bildhauerscherz – nach Königen und Bischöfen greifen, erscheinen in Chartres nur bescheiden am Südportal und, wie es scheint, mehr um der Zerstreuung des guten Volkes willen, als um zu erschrecken.

20

DER EINWEIHUNGSTEMPEL

Die Kathedrale ist heute nicht mehr, was sie einstmals war: der kirchliche und der antikirchliche Vandalismus haben ihre Spuren hinterlassen. Die »Diener des Glaubens« zerschlugen die Glasfenster und zerstörten den Lettner; die »Diener der Vernunft« beschädigten die Portale. Der Chor wurde mit einer Chorschranke zugemauert, die in ein Museum, nicht aber in einen Tempel gehört. Dem Hochaltar nahm man seinen heiligen Standort, versetzte ihn ans hintere Ende des Altarraums und rückte ihn schließlich ganz aus dem mystischen Bereich der Abendmahlstafel. Er steht heute bezeichnenderweise auf der Vierung, auf der quadratischen Tafel also; und der Priester muß der Stelle, wo Himmel und Erde einander begegnen, den Rücken kehren. Was einmal Gang nach Golgatha war, ist zur Fahrt in der Achterbahn geworden. In jeder Ecke des heiligen Raumes hängt ein Lautsprecher: Geschwätz ersetzt das göttliche Wort. Die runde Tafel hat man durch Stühle verstellt, die dem Schlummer der Frommen förderlich sind. Kein Wunder: Ein ganzes Zeitalter neigt sich seinem Ende zu, und seine Rituale gehen mit ihm zugrunde. Auch die Himmelskarte gibt an, daß sich der Frühlingspunkt der Sonne schon im Jahre 2010 nicht mehr im Sternbild der Fische befinden wird.

Alle einschlägigen Fachwerke rühmen die Kathedrale von

Chartres als Musterbeispiel ästhetischer Baugestaltung. Aber ihr Baumeister schuf nicht, was man gemeinhin ein Kunstwerk nennt, er schuf eine Kathedrale, ein mächtiges Instrument religiöser Wirkung, das Kraft besaß, den Menschen zu verwandeln, das ihn – in einem Prozeß, der so diffizil ist wie die alchymische Hochzeit von Wasser und Feuer – aus der Welt der Geraden in die der Krümmung hinüberführen konnte. Auf alle Sinne des Menschen – grobe und feine – wirkt die Kathedrale ein. Weil sie selbst Bild und Beispiel einer Verwandlung ist, vermag sie zu verwandeln: Das gerade Gewände wird zum Gewölbe, wo Schwere durch Schwere aufgehoben wird und die Steine in gespannter Energie wie auf dem Sprunge verharren. Die Kathedrale wirkt, weil sich Materie den lebendigen Gesetzen kosmischer Harmonie gemäß zusammengefügt hat.

Wer nicht ganz stumpf ist, geht als ein anderer aus Chartres hervor – trotz sperriger Stühle, elektrischer Verstärkung von hingeplapperten Gebeten (wo gilt denn heute noch die unverstellte Stimme eines Menschen?), trotz sentimentaler Lieder im Tempel der Weisheit, trotz eines Altars, der wie ein Konferenztisch dasteht. Die Stätte der Wandlung hat ihre Magie noch nicht verloren.

So übt der Bau noch immer seine Macht auf Menschen aus. Wieviel stärker muß sie aber gewesen sein, als der Raum seine ursprüngliche Reinheit noch besaß! Im vorigen Jahrhundert schrieb ein Domherr: *Nur ein einziges Mal habe ich unsere Kathedrale in unverstellter Schönheit erlebt: es war der Tag nach dem Brand von 1836, als alles Mobiliar entfernt war.*

Das Westportal hat drei Eingänge. Die beiden seitlichen führen jedoch nicht – wie bei der Mehrzahl der großen Kirchen – in die Seitenschiffe, sondern münden wie das mittlere in das Hauptschiff ein. Rechts ist das Tor der Geburt, das von Maria, der christlichen Inkarnation der göttlichen Mutter, beherrscht wird; wie einst die Schwarze Jungfrau, hält sie das Gotteskind auf ihrem Schoß. In den Archivolten sind – mit ihren jeweiligen Repräsentanten – die Sieben Freien Künste dargestellt. Am Ende des Bogens finden sich zwei vereinzelte Tierkreiszeichen: die Fische und die Zwillinge. Letztere sind die beiden Ritter hinter dem Schilde, welcher das Karfunkelsymbol trägt: das Tempelritterpaar (der Orden erwies der Gottesmutter besondere Verehrung). Der Fisch aber ist das Sternbild der damaligen Ära. Über dem linken Tor schwebt auf einer von Engeln getragenen Wolke Christus, dargestellt als Herr der Zeit. In den Bogengängen wechseln die Tierkreiszeichen mit den die zwölf Monate kennzeichnenden Arbeiten des Menschen. Das Zeichen der Fische und das der Zwillinge fehlt hier.

Das mystische Mittelportal befindet sich also zwischen zwei Toren, von denen das eine die Arbeit an der Natur, das andere die Arbeit des Geistes darstellt. Sein Bogenfeld zeigt – zwischen den vier geflügelten Evangelistensymbolen – Christus in der Mandorla. Zu seinen Füßen finden wir auf dem Türsturz die Apostel in Dreiergruppen, in den Bogenläufen zwölf Engel und die vierundzwanzig Ältesten der Apokalypse. Einer der Greise trägt die alchymische Retorte; nach Fulcanelli ist dies der Adept.

Die Spitzbögen, die jedes der drei Tore an der alten Westfassade krönen, erfüllen ihre Aufgabe so vollkommen, daß der Baumeister diesen alten Teil geschont hat; sie richten den Menschen auf zu der ihm eigenen Würde, die aber zugleich Demut bleibt gegenüber der höheren Welt Gottes. Wer sich vor Menschen demütigt, bezeugt seine niedere Gesinnung. Dem Universum die Demut zu verweigern, wäre Torheit. Wer eine gotische Kirche betritt, soll nicht gebeugt, er soll *errichtet* werden; Gott hat ihn als einen Aufrechten gewollt.

So vorbereitet betritt der Mensch den Innenraum der Kathedrale. Und hier erlebt er, wie Vertrautes sich verwandelt. Was lastete und wog, erhebt sich und wird leicht. Jede Linie bildet dem Menschen seine Erhöhung vor. Der Stein gemahnt ihn an die Härte und Schwere seiner Erde; zum Gebäude geworden, enthüllt diese Fuge aus Stein die göttliche Ordnung eben dieser Erde. Seiner eigenen Schwere vergessend, wird der Mensch zur schwingenden Säule, die – inmitten kosmischer Kraftwirkungen stehend – auf den ihr eigenen Grundton stimmt. Dem Altar zugewandt, geht er dem Erdstrom entgegen; so kommt er schließlich bis zum Labyrinth.

Nicht nur in Chartres gibt es das Labyrinth. Das von Reims ist zerstört worden, weil Gassenbuben auf ihm spielten und dies den Domherren mißfiel. (Die Kinder hatten sich wahrhaftig nicht das schlechteste Spielfeld ausgesucht! Besser, man hätte sie gewähren lassen oder sogar ermuntert!) Ihrer verschlungenen Wege halber wurden die Fliesenfiguren *Labyrinthe* genannt; zuweilen findet man auch den Namen *Dädalus,* der auf den minoischen Baumeister hinweist, der seinem Sohne Ikarus Flügel gab. Eine Legende?

Man hat im Labyrinth stets ein Zeichen gesehen. Und in der Tat: das Labyrinth ist ein alchymisches Symbol. Es fällt auf, daß man in Chartres – wie in Amiens oder vormals in Reims – nicht Irrwege vor sich hat, sondern nur den *einen* Weg, der nach vielen Umwegen und Kehren schließlich ins Zentrum führt. Alle Labyrinthe gotischer Marienkirchen beschreiben diesen Weg. Die Figur lag von vornherein fest, und der Verlauf des Weges war nicht der Phantasie des Baumeisters oder des Fliesenlegers überlassen. Das bedeutet: Wer sich auf den Weg begab, mußte eine bestimmte Bahn durchlaufen, deren Entwicklung einem Gesetz gehorchte; er hatte ein rhythmisches Ritual zu absolvieren, und das Labyrinth war die vorgegebene Figur eines kultischen Rundtanzes.

Die Kathedrale war eine Stätte, an welcher der Mensch dem tellurischen Strome ausgesetzt werden sollte. Es gibt Entsprechendes bei magnetischen Wirkungen. Bekanntlich nimmt ein Körper, der sich in einem Magnetfeld bewegt, bestimmte Eigenschaften an. Eine Spule, die in einem natürlichen oder künstlichen Magnetfeld rotiert, wird elektrisch. Auch der menschliche Körper wird in einem magnetischen Feld – beispielsweise im Innern einer unter Strom stehenden Spule oder im Einflußbereich einer starken magnetischen Strömung – heftig angegriffen und bis zu Fiebern gereizt. Weicheisen wird unter gleichen Bedingungen magnetisch.

Der Weg auf dem Fußboden: er führt nach *innen*.

Nach ähnlichen Gesetzen vermag ein Rundtanz den Menschen zu lockern und zu dynamisieren. Wer nicht selbst ins Heilige Land reisen konnte, nahm auf diese Weise dennoch an einer symbolischen Wallfahrt nach Jerusalem teil. Man »reiste« barfuß – nicht der Buße wegen, sondern um die Füße in unmittelbarer Berührung mit dem Stein zu halten, der die Wirkungen des Erdstroms konzentrierte (auch heilkräftiger Schlamm wird auf die bloße Haut gelegt). *Zieh deine Schuhe aus, denn heilig ist der Ort, darauf du stehst,* heißt es in der Schrift. Vor einer Moschee müssen die Schuhe abgelegt werden. Die Zigeuner tanzen mit nackten Sohlen über den Erdboden. Wahrscheinlich fand der rituelle Rundtanz hauptsächlich zu den Zeiten statt, in denen die *Wouivre* pulsierte. Dann strömten die Pilger nach Chartres. Der alte Brauch der vom Bischof selbst angeführten Osterrunden läßt vermuten, daß dies im Frühling geschah.

Während der Mensch sich bis zur Mitte des Labyrinthes durchtanzte, erlebte er in intuitiver Wahrnehmung Gesetze und Harmonien der Natur. Vielleicht verstand er sie nicht, aber sie tönten in ihm wider, und er wußte sich mit ihnen im Kontakt; er maß an ihnen die Wahrheit, wie der Musiker an der Stimmgabel die Höhe eines Tons bestimmt. Aber selbst während der Zeiten, in denen die Wouivre in Wallung war, mag die Große Erleuchtung nur selten über einen Menschen gekommen sein. Aber war es nicht schon viel, wenn jemand empfänglich gestimmt wurde?

Wer auf dem Labyrinth nach »Jerusalem« gereist war, durfte sich nun der quadratischen Tafel zuwenden. Deren Pflasterung ist in Chartres, wie schon gesagt worden ist, nicht mehr vorhanden. Nach Bulteau *sind an mehreren Punkten – vor allem auf der Vierung und im westlichen Teil des Schiffes – noch einige Fliesen von besonderer Anordnung zu sehen, deren Bedeutung bis heute ungeklärt ist.* Sie befinden sich jetzt – jedenfalls die der Vierung – unter dem neuen Altar und sind sicherlich Reste eines größeren Systems. Wie eine quadratische Tafel ausgesehen hat, zeigt das Beispiel von Amiens. Auf der quadratischen Tafel scheinen die Zahlen der Kathedrale sinnlich zu werden. Hier

Die Linien der Tafel von Amiens verlaufen parallel oder senkrecht zu der
Achse der Kathedrale. In Chartres dagegen lag eine der Diagonalen der
quadratischen Tafel auf der Kathedralenachse. Es ist anzunehmen, daß man
von den verschiedenen Partien der Tafel aus jeweils andere, das harmonische
Gefüge enthüllende Aspekte gewann.

laufen alle Linien zusammen, hier werden die Proportionen bekräftigt, hier beginnen die Zahlen unter dem Leuchtfeuer der drei Rosen zu singen.

Das Geheimnis der Fensterrosen in den gotischen Kathedralen ist noch ungeklärt. Auch sie sind kein Zierrat, sondern ein Teil des Instrumentes. Das wird deutlich an der großen Westrose von Chartres. Der Baumeister hat hier vor einem schier unlösbaren Problem der Anpassung gestanden. Das alte Portal von 1155, das sich qualitativ genau in das Konzept einfügte, sollte erhalten bleiben, desgleichen die Gruppe der drei hohen Westfenster mit ihrem alchymischen Glas. Darüber aber sollte die große Westrose leuchten, die keinesfalls fehlen durfte. Um dieses Problem überhaupt lösen zu können, mußte der Baumeister das zwischen den Türmen liegende Gewölbe »pressen« – was, wie die leichte Neigung des Fußbodens gegen den Eingang zu, kaum auffällt – und die drei Etagen der Außenfassade – Portalregion, Fenster und Rose – förmlich aufeinanderdrücken. Dabei mußte allerdings ein gewisser Mißklang zwischen der dreifach unterteilten Fassade und den Horizontallinien der sie flankierenden Türme hingenommen werden. Der Baumeister hat aus dem, was gegeben, und dem, was gefordert war, das beste gemacht. Selbst wenn man die durchgehend unerbittliche Strenge, mit welcher an den übrigen Teilen des Bauwerks Linien und Proportionen an- und ineinandergefügt worden sind, zum Maßstab nimmt, kann man auch die Fensterrose in ihrer Notwendigkeit und ihrer Schönheit anerkennen.

Die Fensterrosen haben ihren Sinn, auch wenn wir ihn nicht zu erfassen vermögen. Für Fulcanelli haben die Fensterrosen alchymische Bedeutung. *Die Rose verkörpert die Wirkung des Feuers und ihre Dauer. Deshalb haben die Bildner des Mittelalters versucht, die durch das elementarische Feuer erregten Bewegungen der Materie in ihre Glasrosen zu übertragen, wie man das an der Rose über dem Nordportal der Kathedrale von Chartres wahrnehmen kann.* Noch eine andere Eigentümlichkeit besitzen die drei großen Fensterrosen von Chartres: Ihr Glas ist

in eigens ausgehauene Steine eingelassen, während die Fenster-
fassungen anderer Kathedralen aus zusammengefügten Mauer-
steinen bestehen.

Auf der quadratischen Tafel, auf der Vierung also, fließen die
Lichtwirkungen aller drei Rosen zusammen; es ist die einzige
Stelle, auf der sie gleichzeitig wahrnehmbar sind. In den Jahrhunderten vor seiner Zerstörung stellte der Lettner dem durch
die hohen Chorfenster einfallenden Licht eine Schranke entgegen.
Die mystische Tafel war abgeschlossen und konnte nur durch
die symbolische *enge Pforte* betreten werden.

Auf der quadratischen Tafel hielten sich auch die *Chevaliers*, die
Ritter der Kabbala, auf, die zur mystischen Tafel des Altarraums keinen Zutritt hatten. Hier, auf dem Feld, das zum Über-
schauen, Vergleichen, Beurteilen der erlebten Maße gleichsam
auffordert – die ehemalige Pflasterung bot hierfür gewiß einen
Schlüssel –, sprach die Kathedrale zum *Verstand*. Drei Wege laufen auf der Vierung zusammen – das Mittelschiff, das nordwestliche und das südöstliche Querschiff vereinigen sich hier –: sie
entsprechen drei Bereichen der menschlichen Seele, die man im
Verlauf einer Einweihung sich erschließen muß. Durch das Hauptschiff führt der »natürliche Weg«. Nur wer die Rundtafel durchlaufen, die niedere Egozentrik überwunden und sich zum Glied-
wesen des Universums gemacht hat, kann zur quadratischen
Tafel, der Tafel der Ratio, vordringen. Der zweite Weg durch
das sog. Ritterportal, das von zwei Rittern mit seitlich abge-
winkelten Füßen bewacht wird, war wohl jenen vorbehalten, die
der Kabbala kundig waren. Wahrscheinlich rührt von daher eine
Legende, die besagt, daß es gewissen Leuten gestattet war, *à cheval*,
zu Pferd in die Kirche zu kommen, eine Legende, die von ein
paar Toren, die sich »Ritter« glaubten, wörtlich genommen
wurde. Das Südportal ist den Eingeweihten des Neuen Bundes,
des christlichen Zeitalters, gewidmet. Der Christus am Türpfeiler
des Mittelportals ist als Segnender dargestellt. Er hält ein ge-
schlossenes Buch in der Hand, das die Proportion des Goldenen
Schnittes aufweist. Das andere Buch dagegen, das Johannes trägt,

zeigt am selben Portal die Proportion der mystischen Tafel 1:2. Der dritte Weg führt durch das sog. Eingeweihtenportal von Nordwesten herein. Dieser Eingang steht besonders unter dem Zeichen der Alchimie. Der Türpfeiler des Mittelportals trägt die Gestalt der heiligen Anna, der Mutter der Gottesmutter, der Urmutter, die an die Gaia der Griechen erinnert. Für die Alchimisten war sie der mütterliche Ursprung, die »Gebärmutter«. Das ganze Portal, das von ihr beherrscht wird, ist dem esoterischen Christentum gewidmet. Der der Jungfrau geweihte linke Eingang trägt im Tympanon einen »Heimgang Mariens«, der einem unwillkürlich den Vers aus dem Hohen Lied Salomons ins Gedächtnis ruft: *Ich beschwöre euch, daß ihr meine Freundin nicht aufweckt noch regt, bis es ihr selbst gefällt.* Das den Gestalten des Alten Testamentes, die auf Christus hinweisen, gewidmete rechte Seitentor zeigt im Tympanon Hiob in der Asche. Ich halte diese Darstellung für das symbolische Bild der Verwesung, die die alchymische Wiedergeburt vorbereitet. Nur ein Adept wäre befähigt, die Komposition des Nordportals in allen Einzelheiten richtig zu deuten.

Auch die hohen lanzettförmigen Glasfenster unter der großen Nordrose sprechen eine deutliche Sprache. Wieder ist in der Mitte die heilige Anna dargestellt – schwarzgesichtig, das Marienkind auf dem Arm –; in ihrer Hand hält sie die Lilie. Neben ihr stehen Melchisedek – zu seinen Füßen Nebukadnezar –, David – als Überwinder Sauls –, Salomon – über Jerobeam – und Aaron – über dem Pharao. Die Anspielung auf alchymische Geheimnisse ist auch hier unübersehbar. Vielleicht war dieses Portal symbolisch den Schülern des Großen Werkes vorbehalten?

Die mystische Tafel des Chors war der Allgemeinheit unzugänglich. Aber es gab zwei Pforten, durch die ein Eintritt möglich war. Die eine befand sich links vom Chor in der Nähe des Altars und wurde von den Priestern benutzt, die den Dienst versahen. Auch vor dieser Pforte ist der Fußbodenbelag erneuert worden. Hier muß sich aber die kleine quadratische Tafel befunden haben, die in Amiens an der entsprechenden Stelle heute noch zu sehen ist. Selbst die Priester mußten also ein Abbild der quadratischen Tafel passieren, denn ein Unwissender sollte zur mystischen Tafel keinen Zutritt haben. Auf den anderen Eingang, eine unter der mittleren Arkade des Lettners ausgesparte enge Pforte, wies die nordöstliche Spitze der quadratischen Bautafel. Überschritt man die Schwelle dieser Pforte, so galt es, die materielle Welt abzustreifen und zurückzulassen. Dem, der den zweiten Tod gestorben war, öffnete sich hier die Tür zur dritten Geburt. Alle Rituale wurden an dieser Stätte jahrhundertelang im Verborgenen vollzogen.

Klänge, Formen, Farben, Licht und die magische Wirkung des Rituals – jeder Ritus ist seinem Wesen nach *Magie* – müssen auf den Menschen, der sich während seiner Wanderung durch die Kathedrale ständig in einem Quellbereich der Erde bewegte, eine Macht ohnegleichen ausgeübt haben. Selbst heute, wo das Ritual entartet und entmachtet ist, wo das Sonnenlicht ungefiltert und zerstörerisch von außen eindringen kann, wo die von den Lautsprechern verstärkten Klänge und Worte Falsches widertönen, ist die architektonische Harmonie im großen und ganzen doch unangetastet geblieben. Und es wird wenig Menschen geben, die die Kathedrale so verlassen, wie sie sie betreten.

21

DAS DRITTE MASS

In der Kathedrale von Chartres gibt es drei Tafeln. Dreifach ist auch die Ordnung des Bauplans.

Der Grundriß schließt den Ort ein, er bestimmt die Grenzen der bebauten Fläche. Der Plan ist zweidimensional und leicht zu analysieren. Sein Maß, sein Modul beträgt 0,82 m.

An zweiter Stelle haben wir den leeren, den umbauten Innenraum; er erhebt sich in die Höhe. Sein Maß kommt nur beim Mittelschiff zur Anwendung – Seitenschiffe und Chorumgang sind Durchgangsorte, keine Stationen auf dem Einweihungsweg –; im Mittelschiff kommt die Harmonie von Erde, Musik und Licht zum Klingen. Der Klang ist gestimmt auf die Lage, die Chartres auf dem Erdball hat; er gestaltet das Raumgefüge, die dritte Dimension. Sein Zahlenwert beträgt 0,738 m.

Den Modul der dritten Ordnung habe ich nicht gefunden. Aber ich bin gewiß, daß es diese Ordnung gibt. Sie hat vielleicht kein in meßbaren Längen ausdrückbares Maß, sondern ist in die beiden anderen Ordnungen eingefügt. Die dritte Ordnung überwindet den Widerstand, die Trägheit der Materie und führt hinüber in lebendige Bewegung, in Zeitprozesse, in die vierte Dimension. Weist nicht die ganze Kathedrale auf verhaltene Bewegung hin: Steine, die wie Sprungfedern gespannt sind, neutralisieren ihre eigenen Bewegungsimpulse, indem sie einander entgegenwirken! Ich habe schon auf den dynamischen Aspekt des Kreuzrippengewölbes hingewiesen; seine scheinbare Statik kann nicht verhehlen, daß es sich in Wirklichkeit um ein vibrierendes Gewölbe handelt, eine Eigenschaft, durch die es sich in die Zeit, in einen Zeit-Raum hineinstellt. Die Kathedrale vibriert beim geringsten Ton; sie fängt auch die übersinnlichen Pulsschläge des tellurischen Stromes auf, dessen Gefäß sie ist.

Die Ordnung des dritten Maßes – sie wird mit der Erdrotation zusammenhängen[1] – ist nicht leicht zu dechiffrieren. Wahrscheinlich hat der Baumeister auch hier einen sichtbaren »Schlüssel« hinterlassen. Es wäre der Schlüssel, mit dessen Hilfe die Tore eines Königreiches geöffnet werden könnten, in dem zwischen den Bewegungen von Erde und Kosmos Einklang herrscht. Vielleicht gäbe dieser Schlüssel sogar einen Hinweis auf eine mögliche Weltformel, nach der die moderne Wissenschaft sucht, indem sie die Epiphänomene gegeneinander abwägt, was sie dazu verurteilt, nur noch eine Wissenschaft der Epiphänomene zu sein.

Die Kathedrale ist für einen Menschen geschaffen, der sich bewegt. Ritueller Bewegung dienten die wohlausgemessenen Mäander des Labyrinths, dienten die durchbrochenen Linien der quadratischen Tafel, auf der die Reinigung mit dem von vier Winden belebten Wasser stattfand und eine symbolische Zahlenfolge von Feld zu Feld durchlaufen werden mußte – diente die rechteckige Tafel, der geweihte Ort des christlichen Rituals, das auf Gebärden, auf Rhythmen und auf Klängen beruht.

Natürlich ist die Unterscheidung der drei Ordnungen nur ein Mittel der Analyse. Die drei Aspekte des Baus hängen von einer einzigen und einzigartigen Eingebung ab, vergleichbar der Entstehung der Kathedrale als dem Konstruktionspunkt, der Pflanze aus ihrem Keim: Was wächst, was sich verstofflicht, gehorcht einem königlichen Leitgesetz, durch das alle Glieder der Entwicklung harmonisch miteinander verbunden bleiben. Umgekehrt ist der Weg, der vom Menschen durchlaufen werden soll: er führt

---

[1] Vgl. Kapitel 15 »Die Elle von Chartres«

von der Peripherie zum Zentrum. Zunächst ist die Kathedrale für den Menschen eine Anhäufung und Anordnung von Steinen: unbeweglich und unwandelbar. Tritt er ins Innere der Kirche, dann erfährt er den Stein als das Gehäuse von *Raum*. Bewegt er sich fort, dann beschreibt er mit seinen Füßen auf der Fläche des Kirchenbodens *Linien*. Alle diese Linien zielen auf den einen *Punkt*, dorthin, wo das Gesetz der Materie, die Raumausdehnung, verschwindet.

Erst wenn der Mensch auf seinem Umgang Schritt für Schritt die Bande, die ihn an die Materie fesselten, entknotet hatte, konnte er mit Hilfe des »Schlüssels«, den ihm die Kathedrale darbot, zu einem makrokosmischen Bewußtsein erwachen. Dann *schaute er Gott von Angesicht zu Angesicht,* wie der überlieferte Ausdruck es bezeichnet; er sah das im Atom enthaltene Universum und das vom Universum getragene Atom. Hatte die Kathedrale den Menschen an diesen Punkt geführt, so hatte sie ihren Auftrag erfüllt. Und selbst, wenn menschliches Bewußtsein das Geschehen nicht voll zu erfassen vermochte – der Mensch hatte doch mit dem Universum kommuniziert. Es gehört zu den großen, den herrlichen Errungenschaften des Christentums, daß es den Einweihungstempel, der früher wenigen Erwählten vorbehalten war, an jedermann freigab.

Es gibt durchaus etwas wie Magie in der Kathedrale von Chartres. Vielleicht muß man aber die therapeutischen Eigenschaften dieser Kirche, die vom Mittelalter an dem ganzen Abendland bekannt waren, nicht ihr selbst, sondern der Stätte, über der sie errichtet wurde, zuschreiben. Ob heilende Eigenschaften, die vom Ort oder vom Wasser des keltischen Brunnens ausgingen, schon vor dem Bau der heutigen Kathedrale oder gar vor der Christianisierung bekannt waren, vermag man, da Zeugnisse fehlen, nicht zu sagen. Sicher ist, daß die Kranken vom 12. bis 16. Jahrhundert scharenweise herbeiströmten, so daß in der Krypta eine Art Lazarett geschaffen werden mußte, in welchem die Kranken – aufgenommen vom Schoß der Erde und der Dolmenkammer nah – mit dem Wasser des Brunnens versorgt wurden. Man heilte, wie es scheint, vor allem Lähmungen, doch wurde das heilkräftige Naß auch für Wunden und Geschwüre verwendet.

Die magische Wirkung des Ortes war nicht nur im Inneren der Kirche zu spüren. Nach Froissart belagerte der König von England 1360 das Städtchen Chartres und schlug sein Lager, etwa 7 km entfernt, bei Brétigny auf. Eines Morgens, als der Himmel ungewöhnlich klar und heiter war, gab er den Befehl zum Angriff. Plötzlich aber entstand – genau über dem Lager – ein Sturm, den niemand vorausgesehen hatte. *Es fielen so große Steine* (Hagel), sagt Froissart, *daß Menschen und Rosse getötet wurden und der Rest sich entsetzte.* Der bestürzte Eduard III. hob die Arme gegen die Türme der Kathedrale auf und beschwor die Gottesmutter, die entfesselten Elemente zu beschwichtigen. Und er gelobte dafür, mit dem König von Frankreich Frieden zu schließen. Da sänftigte sich der Sturm, und der Himmel wurde wieder heiter.

Ein Wunder, gewiß! Aber ein Wunder ist auch die Tatsache, daß seit dem Bau der Kathedrale die Stadt wie unter besonderer Obhut stand, so daß sie praktisch von allen kriegerischen Zerstörungen verschont geblieben ist. Selbst die Zerstörungen durch die Religionskriege und die Französische Revolution liefen glimpflich ab; nur am Königsportal kamen einige Szenen zu Schaden – Bischöfe und Domkapitel wüteten weit schlimmer. Die plündernden Revolutionäre hielten sich lieber an den Kirchenschatz oder das Bleidach, aus dem sie republikanische Kugeln gossen. Der Brand von 1836 zerstörte das Gebälk, ließ aber das Gewölbe und die Glasfenster unversehrt, was wunderbar genug anmutet. Man sollte auch nicht vergessen, daß Chartres während der Revolution ein besonderer Zufluchtsort war, in dem viele Adlige, die an anderen Orten dem Fallbeil des Volkes zum Opfer gefallen wären, unbehelligt leben konnten.

Immer wieder lassen sich in dieser Kirche Einzelheiten entdecken, die ihr Geheimnis nicht preisgeben wollen. Der Domherr Bulteau, der im vorigen Jahrhundert eine umfassende Monographie in zwei großen Bänden herausgab, deutet an, daß es am Eingang des Labyrinths einen mit einer Schraube befestigten Ring gegeben und daß sich genau über dieser Stelle ein auf das Gewölbe gemaltes rotes Malteserkreuz befunden habe. Der Ring ist verschwunden, die Schraube erhalten; vom Malteserkreuz habe ich keine Spur entdecken können. Der Domherr vermochte die beiden Zeichen nicht zu deuten – mir geht es wie ihm.

An der südlichen Mauer des Südturms stehen zwei schon recht beschädigte steinerne Skulpturen: ein Esel, der ein Musikinstrument hält, und ein anderes Tier, das auf den Hinterbeinen steht (Kopf und Vorderbeine fehlen). Mündlichen Traditionen zufolge handelt es sich um einen Leier spielenden Esel und um eine spinnende Sau. Die Sau sieht aber mehr wie ein zahmer Eber aus, und die Leier gleicht eher einer Zither. Bulteau schreibt dazu: *Man kann nur staunen! Auf einem Dokument aus dem alten Ägypten ist ein Esel abgebildet, der auf einer Lyra mit neun Saiten zupft*[1]. Wieder taucht da im Hintergrund der Kathedrale Ägypten auf. Auch das Sternbild des Krebses weist zwei Sterne auf, die *Esel* heißen. Übrigens soll der Esel für die Ägypter den *Typhon*, den Gott des Bösen, symbolisiert haben. Würde es sich hier um eine unbedeutende Verzierung handeln, so könnte man annehmen, daß der Bildhauer ein wenig boshaft gewesen sei und sich über Leute lustig gemacht habe, die zu ihrem Vorhaben so ungeschickt sind wie ein Esel zur Musik[2]. Aber der steinerne Esel ist zu sehr Blickfang, als daß es sich nur um einen Scherz gehandelt haben kann. Was die Sau betrifft, so sind wir besser im Bilde. Das Wort *truie* (Mutterschwein) ist vom alten keltischen Worte *truth* (Wildschwein) abgeleitet. *Truth* war in phonetischer Assimilation eine der Repräsentationen des *Druiden*. Übrigens nicht die einzige. Eine andere war *dru* (Eiche), eine weitere *truite* (Forelle). Der spinnende Eber ist der Druide, der den Leitfaden – eine Art Ariadnefaden – von der Kunkel zieht. Hatten sich die Baumeisterbruderschaften im Geheimnis ihrer Kunstgriffe und ihrer

---

[1] Vielleicht war der Esel auch ein Maultier, ein Tier also, das im Altertum Symbolwert besaß.

[2] Anm. d. Übers.: Man vergleiche hierzu das Märchen vom »Eselein« aus der Sammlung der Brüder Grimm – der Esel wird ein Meister auf der Laute.

Fachsprache ein druidisches Wissen bewahrt? Ein gewisses Fort-wirken der gallischen Kunst – besonders in der Romanik – läßt darauf schließen[1].

Dann ist da noch das Geheimnis des unverletzbaren und unver-letzten Hügels. Ob das Tabu wirklich nur dem Erdstrom galt, ist schwer zu sagen. Man hat wiederholt festgestellt, daß an heiligen Orten drei Höhlen (oder drei Krypten) übereinander lagen; sie haben sich ihrem Ursprung nach vielleicht auf drei Stadien der Einweihung bezogen. Man wäre nicht erstaunt, wenn es auch unter der Kathedrale von Chartres diese drei traditionellen Krypten gäbe. Der Boden der Stadt ist nach allen Richtungen von uralten unterirdischen Gängen durchzogen, die heute größtenteils als Kloaken benutzt werden. Einem unkontrollierten Gerücht zu-folge sollen unlängst bei der Fundamentierung eines modernen Hauses in der Nähe der Kathedrale zwölf übereinanderliegende Keller entdeckt worden sein. Auch wenn man abzieht, wie sehr bei solchen Anlässen gewöhnlich übertrieben wird, so ist doch sicher, daß an dieser Stelle, die sich noch im Bereich des Hügels befindet, Höhlungen von beträchtlichem Ausmaß existieren. Man kann nicht ausschließen, daß sie sich unter der Kathedrale fort-setzen. Diente das Tabu vielleicht dazu, den Zugang zu einem Versteck zu versperren, an dem ein besonders kostbarer Gegen-stand – man denkt dabei unwillkürlich an die Bundeslade – ver-borgen worden war?

Es ist durchaus der Mühe wert, diese Frage zu stellen, denn offenbar hat es in unmittelbarer Nähe der Kathedrale eine Ver-teidigungsanlage gegeben, was immerhin recht ungewöhnlich ist. Die Kapelle St. Piat, die im 14. Jahrhundert dem Chor von außen angefügt wurde, endet zwischen zwei Türmen, deren weltlicher Stil ohne jeden Zusammenhang mit der Kapelle ist. Sie mögen Teile einer kleinen Burg gewesen sein und stammen offensichtlich aus älterer Zeit. Übrigens liegt einer der Türme, der Nordturm, genau auf der Kathedralenachse; er hat möglicherweise als An-

[1] Vgl. Marcel Moreau: La Tradition celtique dans l'Art roman.

haltspunkt gedient, als es galt, den Grundriß auf dem Boden zu entwerfen. Die Entfernung vom Nordturm bis zu den Portalen der Kathedrale (ein vom Grundriß abgenommenes Maß) beträgt etwa 148 m. Ich neige dazu, diese Zahl auf 147,60 m zu korrigieren. Da die Breite des Querschiffs von den äußeren Pfeilern der nördlichen Vorhalle bis zu den äußeren Pfeilern der südlichen Vorhalle ungefähr 73,80 m beträgt, wäre das geometrische Mittel dieser beiden Längenmaße, die ein die gesamte Kathedrale umfassendes Rechteck mit den Seitenverhältnissen 1:2 beschreiben (wobei die »Burgtürme« inbegriffen sind), $G = \sqrt{147,6 \times 73,8} = 104,40$ m und gleich der Höhe des alten Turms an der Westfassade, des Südturms. Das macht wahrscheinlich, daß die beiden Wehrtürme im Osten aus dem 12. Jahrhundert (der Bauzeit der Westfassade) stammen. Wurde es für notwendig gehalten, dem Tabu einen unmittelbaren und handfesten Schutz beizugeben? Es wäre interessant, wenigstens den Grundmauern der Anlage, zu der die beiden Türme gehört haben müssen, nachzugraben. Würde sich ergeben, daß die Anlage quadratisch war und vier Ecktürme hatte, so wäre dies ein deutlicher Hinweis auf den Templerorden. Hat nicht auch Wolfram von Eschenbach aus dem Gralshüter eine Art Großmeister der *Templeisen* gemacht?

Wir sind am Ende. Berufenere werden größere Entdeckungen machen als ich. Wenn sie sich nicht auf der quadratischen Tafel verirren – wo die Spekulation leerläuft –, werden sie wohl das Ineinandergreifen der räumlichen und zeitlichen Rhythmen enträtseln können. Denn wer den Raum gliedert, gliedert die Zeit. Wer bis zu der Schwelle gelangt, an der die Raumgestalt den Schlüssel für die Gestaltung der Zeit hergibt, muß das dritte Maß, das geheime, das sog. *alte Maß*, finden, das auch den Pyramiden und dem Salomonischen Tempel zugrunde gelegen hat.

Man kann an den Entsprechungen zwischen zwei so grundverschiedenen, zeitlich und kulturell so weit auseinanderliegenden Bauwerken wie der Cheopspyramide und der Kathedrale in Chartres herumrätseln. Aber das Rätsel ist so geheimnisvoll nicht, wenn man einräumt, daß dies tradierte Geheimwissen eine Wissenschaft im vollen Sinne des Wortes ist – umfassender als die Wissenschaft von heute, die mit ihren Mikroskopen und Teleskopen immer nur auf die Außenseite des Universums starrt und die *intus lectio,* die Möglichkeit, im Innern zu lesen, verloren hat. Nur ist das Wissen, das die wahre Macht verleiht, von den Kollegien, den religiösen Bruderschaften, immer geheimgehalten worden, ging doch von dem, der es gewissenlos für sich in Gebrauch nahm, eine Gefährdung für alle aus.

Die »Schriften« jener Kollegien sind Bilderrätsel, Wortspiele sogar, die man nicht verstehen kann, ohne eine Schulung durchlaufen, ohne alle menschlichen Fähigkeiten – bis hin zu den spirituellen – entwickelt zu haben. Alles in ihren Legenden und heiligen Schriften hat Symbolwert; auch ihre zubehauenen Steine und Bauwerke sind Symbole. Sosehr die Zeichen sich voneinander unterscheiden mögen, das Wissen, das *hinter* den Symbolen steht, ist *eines.* Schriften, Legenden, Skulpturen und Bauwerke haben eine gemeinsame Basis, die man von Einweihungsmonument zu Einweihungsmonument (Dolmen, Pyramide, Tempel, Kathedrale) wiederfindet[1]. Wenn *gleiche* Proportionen an so *verschiedenen* Bauwerken vorkommen, so heißt dies, daß ihnen allen *ein* großes Harmoniegesetz zugrunde liegt, wenn auch jedes dem Stil seiner eigenen Zeit angehört. Ist es verwunderlich, daß diese Bauten an Orten errichtet wurden, an denen die tellurischen Ströme dem Menschen zu helfen vermochten, zur Intelligenz, zum *interlegere*[2] durchzudringen, zum Lesen im Inneren der großen Natur, in der das Große Gesetz zum jedermann sichtbaren Symbol wird? Wie es nur *eine* Natur gibt, so auch nur *eine* Weisheit: sie reicht von den Pyramiden bis zu den Kathedralen und ist als Ursache dafür anzusehen, daß zwischen den Maßen von Chartres

---

[1] Hat man übrigens erkannt, daß die in der Cheopspyramide über der Königskammer ausgesparten Räume, die man seither für Rumpelkammern hielt, in Wirklichkeit Dolmenkammern sind, je *fünf* übereinander?

[2] Anm. d. Übers.: *inter* heißt wörtlich *dazwischen befindlich, innerhalb, in der Mitte. Interlegere* also: *von innen her lesen.*

und denen der Cheopspyramide auffallende Entsprechungen vorkommen. Es ist bekannt, daß die Königskammer der Pyramide die folgenden Maße hat: Breite 1, Länge 2, Höhe 1,117. Wenn man diese Zahlen mit 16,4 m (das ist die Chorbreite von Chartres, zugleich die Breite des Mittelschiffs) multipliziert, so erhält man für die Breite 16,4 m, für die Länge 32,8 m und für die Höhe 18,32 m. Nun ist 18,32 m × 2 = 36,64 m. Und 36,64 m ist gleich der Höhe des Gewölbes über dem Chor von Chartres, dessen rechteckige Tafel eine Breite von 16,4 m und eine Länge von 32,8 m hat. Das heißt, daß der Chor von Chartres in seinen Proportionen mit der Königskammer der Cheopspyramide korrespondiert.

Man darf angesichts solcher Zusammenhänge nicht in den Irrtum verfallen, daß die Kathedrale eine Nachahmung der Cheopspyramide sei. Richtig ist vielmehr, daß dieselbe Wissenschaft verschieden angewandt worden ist, daß man in zwei Fällen denselben Schlüssel benutzt hat. Die Spur dieses Schlüssels kann durch die Geschichte verfolgt werden, selbst wenn die Geschichte zuweilen legendäre Züge trägt: Er kommt von den Pyramiden auf Moses und wird an David, dann an Salomon weitergegeben. Nach dem Damaskus-Dokument hat der Heiland ihn gekannt. Ebenso müssen die persischen Adepten, nachdem Jerusalem vom Islam erobert worden war, um ihn gewußt haben. Über die neun ersten Tempelritter kommt er an den Zisterzienserorden, der mit seiner Hilfe die drei der Jungfrau geweihten Einweihungskathedralen anregt. Dann verschwindet er von neuem. Er wird so lange verborgen bleiben, bis einer Zeit die Wiederanknüpfung an den unterbrochenen Traditionsstrom gelingt. Dabei ist zu beachten, daß die großen Kulturimpulse einem Rhythmus unterliegen, in dem die Zeitalter pulsieren. So liegt zwischen dem Bau der Pyramiden und dem Bau des Salomonischen Tempels eine ganze Kulturepoche, und wieder vergeht ein Zeitalter, bis es zum Bau der Kathedrale von Chartres kommt.

Chartres wurde nie vollendet, aber nur Details blieben unausgeführt, z. B. die Pfeileraufsätze der nördlichen Vorhalle. Man hat behauptet, jeder der vier Stütztürme – es gibt zwei am Rundansatz der Apsis und zwei an den Enden des Querschiffs – habe eine »Antenne« getragen, und über der Vierung habe sich ein Mittelturm erheben sollen. Letzteren hat es gegeben, zwar nicht in Stein, aber in Holz; er brannte 1836 ab (ob er original war, weiß man nicht). Auch andere, geringfügige Spuren des Nichtvollendetseins weisen darauf hin, daß die Bauhütte vorzeitig abgebrochen wurde. Das Instrument selbst aber war fertig, es funktionierte. Als die Werkleute um 1260 die Vorhalle des Nordportals verließen, waren sie keine Arbeiter mehr; sie waren angesehen und frei und genossen besondere Vorrechte. Niemand führte mehr ihre Schritte: sie waren selbst für sich verantwortlich. Auch in den übrigen Bauhütten arbeitete man nur noch sporadisch.

Damals wurden die Geister mündig. Die gotische Baukunst hatte sich vollendet. Es ist, als habe man nach Fertigstellung des Einweihungsbaus den Menschen ihren vollen, freien Willen zurückgegeben, wie das bei Schülern der Fall ist, wenn die Schule absolviert ist. Sie sollten ihr eigenes Leben – auf eigene Gefahr – führen.

Diese Befreiung der Geister betraf nicht nur die Bauleute. Man hat einen Abt von Cîteaux, also ein Ordensoberhaupt, den Kreuzzug gegen die Albigenser führen sehen. Ihm ist das schreckliche Wort in den Mund gelegt worden: *Tötet sie alle, Gott wird die Seinen erkennen!* Allein die Tatsache, daß man ihm einen solchen Satz zugeschrieben hat, läßt erkennen, in welchem Geist der Orden seine Rolle nunmehr verstand. Dann haben die Predigermönche die Inquisition erfunden – und sich an ihr geweidet. Schließlich machte der Prozeß gegen die Templer offenbar, in welche Armut des Geistes man geraten war. Die jüdische Geschichte lehrt, daß es nach dem Tode Salomons und nach der Vollendung seines Tempels ähnlich war. Wenn das Buch aufgeschlagen ist, dann sind die Menschen frei.

Dornröschen schläft. Das Schloß liegt unter Dornen. Aber die Hand, die die Wege der Menschheit leitet, läßt auf jeder Stufe ein

Monument zurück, einen Leuchtturm, der die Nacht durchhellt. Jedermann ist frei, die Augen aufzutun – oder zu verschließen. Will einer blind sein – es ist sein freier Wille. Will einer sehen – er ist auch dazu frei. Wenn kein Gerechter mehr im Land gefunden wird, schließt sich das Buch – der Tempel stürzt.

ZUR DEUTSCHEN AUSGABE

Als Übersetzer dieses Buches fühlten wir uns verpflichtet, alle Daten und Angaben Charpentiers einer gründlichen sachlichen Prüfung zu unterziehen; soweit es nötig war, ist dies auch an Ort und Stelle erfolgt.

Eine besondere Überraschung bot dabei der Besuch von Sours, jener ehemaligen Templerkomturei zehn Kilometer südöstlich von Chartres. Als wir in dem von endlosen mittelalterlichen Mauern durchzogenen Dörfchen den auf dem Gelände eines Hofgutes befindlichen Rundturm der Komturei besichtigten, wies man uns auf die Existenz eines unterirdischen Ganges hin, der, vom Kellergewölbe des Turmes ausgehend, nach Chartres hinläuft. Anfragen an anderen Stellen des Ortes bestätigten die Aussage und ergänzten sie dahin, daß offenbar das ganze unterirdische Sours von alten Gewölben, Kellern und Gängen durchzogen ist. Wo immer man einmal grabe, versicherte man uns, stoße man auf die Spuren verborgener Dinge.

In diesem Zusammenhang verdient die nordöstlich an die Kathedrale anschließende und mit ihr oberirdisch verbundene Kapelle St. Piat besondere Aufmerksamkeit. Das architektonisch geübte Auge erkennt bald, daß dieser dem 14. Jahrhundert zugeschriebene Bau in Wirklichkeit ein Konglomerat zweier Stilformen darstellt, wobei eine ursprünglich ältere Anlage im 14. Jahrhundert eine völlige Umgestaltung erfahren haben muß. Die von zwei Rundtürmen begrenzte Nordostwand der Kapelle scheint der am besten erhalten gebliebene Rest einer über quadratischem Grundriß errichteten Wächterburg zu sein, die unmittelbar – und wahrscheinlich durch einen Zugang mit ihnen verbunden – an den Chorumgang und die darunter befindliche Unterkirche anschloß. Rekonstruiert man aus den Maßen der Nordostmauer den ursprünglichen Bau, so sieht man plötzlich der charakteristischen Physiognomie einer Templerburg ins Antlitz. Der Umbau des 14. Jahrhunderts aber gehört einer Zeit an, in welcher alle Spuren der Templer vom französischen Staat und dem mit ihm zusammenarbeitenden Klerus systematisch und konsequent getilgt worden sind.

· 1970 haben, einem alten Tabu entgegen, zum erstenmal archäologische Ausgrabungen im Bezirk des Hügels begonnen; sie gehen von der unterirdischen Kapelle St. Lubins aus und weisen in Richtung auf das von Charpentier beschriebene »heilige Zentrum«. Wie uns ein einheimischer Kenner des Unternehmens versicherte, hat man dabei »allerhand heidnische Götzenbilder« zu Tage gefördert. Von offizieller Seite ließ sich über die Ergebnisse der Ausgrabungen nichts in Erfahrung bringen. Aber aus der Art und Weise, wie man unseren Nachfragen begegnete, schien hervorzugehen, daß offensichtlich noch heute in Chartres eine bewußte Absicht besteht, mit den Überresten einer versunkenen Mysterienkultur, deren Nachblüte bis zur Vernichtung des Templerordens fortreichte, den besonderen Charakter Chartres als einer der großen Einweihungsstätten der keltisch-christlichen Welt *in finibus Carnutum, quae regio totius Galliae media habetur* (Caesar VI, 13.10) zu leugnen.

Angela Schulz
Georg Friedrich Schulz

Hugo Kükelhaus

Fassen
Fühlen
Bilden

Organerfahrungen

im Umgang

mit Phänomenen

5. Auflage 1989
144 Seiten mit 70 Abbildungen
Kt DM 26,–
ISBN 3-87732-017-1

Gaia Verlag Köln

Unsere Zivilisation beraubt den Menschen zunehmend der Fähigkeit, im Erleben der Welt einer Wirklichkeit zu begegnen, die sich in ihm als die eigene, von ihm selbst bewirkte, ausspricht. Seit Jahrhunderten bemüht sich die Wissenschaft, die Phänomene der Naturwahrnehmung durch ein Begriffssystem mathematischer Kalküle zu erklären, in das keines der Phänomene selbst mehr Eingang findet. Das so erstellte Bild der Welt gleicht dem eines Blinden, Tauben, Lahmen, der Registratur einer gefühllosen Datenbank. Das auf Effizienz und Beherrschung durch Kontrolle angelegte Denken durchsetzt heute auch außerhalb des reinen Wissenschaftsbetriebes das Gesamtleben unserer Gesellschaft. Die Möglichkeiten der Computertechnik werden den Prozeß der Entsinnlichung noch einmal radikal beschleunigen. Im Getto der Kunst und des Privatvergnügens verkümmert die Sinnlichkeit zur unverbindlichen Subjektivität.

Hugo Kükelhaus beschäftigt sich in seinem Buch „Fassen Fühlen Bilden" nicht mit kulturkritischen Analysen oder abstrakten futurologischen Entwürfen. Er beschreibt anhand der Stationen des von ihm entwickelten Aktionsfeldes („Organismus und Technik – Spiele und Versuche zur Entfaltung der Sinne", das als Wanderausstellung seit 1975 bisher weit über hunderttausend Besuchern zugänglich gemacht wurde) eine Methode, durch schrittweise Vertiefung der Sinneswahrnehmung die in der Gesetzmäßigkeit unserer Leiblichkeit verschlüsselte Wahrheit als Wirklichkeit zur Erscheinung zu bringen. Aus dieser Selbsterfahrung ergeben sich vielfältige Anregungen und Anweisungen zur Lebenspraxis in allen Bereichen der zivilisatorischen Gegenwartskultur.